Karl-Hans Kern

CARIBOO CHILCOTIN COAST

Kanada

50 TIPPS ABSEITS der ausgetretenen PFADE

360° medien

IMPRESSUM
Cariboo Chilcotin Coast
50 Tipps abseits der ausgetretenen Pfade
Karl-Hans Kern

Nachtigallenweg 1 I 40822 Mettmann

Redaktion und Lektorat: Christine Walter

Satz und Layout: Lucas Walter

Gedruckt und gebunden:
LD Medienhaus GmbH & Co. KG I Feldbachacker 16 I 44149 Dortmund
www.ld-medienhaus.de

Bildnachweis: siehe Seite 256

ISBN: 978-3-96855-296-5
Hergestellt in Deutschland

360grad-medien.de

Karl-Hans Kern

CARIBOO CHILCOTIN COAST

Kanada

50 TIPPS ABSEITS der ausgetretenen PFADE

360° medien

VORWORT

Wir wollten 2009 nochmals mit unseren beiden Söhnen auf Reise gehen, bevor es für sie „uncool" werden würde, mit Eltern unterwegs zu sein. Auf die Frage, wohin die Reise führen solle, schnellten bei dem Zielort „Kanada" die Finger von uns drei Männern in die Höhe. Wir entschieden uns für den „wilden" Westen und eine Reise mit dem Wohnmobil, planten bei einer Wanderung und einer Kanutour im Zelt zu übernachten.

Vier Wochen während der Sommerferien hatten wir vorgesehen, und schon die Vorbereitung darauf entwickelte sich zu einem Erlebnis für die ganze Familie. Wir nutzten die Wochenenden zum Wandern und uns fit zu machen für das Abenteuer Kanada. Orientierung im Gelände, wandern mit Kompass, wie filtert man Wasser, wie muss der Rucksack gepackt und eingestellt sein? Schließlich galt es in der Wildnis Kanadas zu überleben.

Ich kann es vorwegnehmen: Wir haben es geschafft. Denn auch der Westen Kanadas ist inzwischen nicht mehr so wild, wie wir es gerne in der Fantasie oder in Erinnerung an Filme unserer Kindheit erträumten. Und doch entdeckten wir damals schon eine Region, die uns bis heute in ihren Bann zieht, einen Teil British Columbias, der uns ein Mehr an Abenteuer, ein Mehr an Ursprünglichkeit bietet, ein Mehr an Einsamkeit, abseits der ausgetretenen Pfade eben. Das ist die Cariboo Chilcotin Coast Region.

Unser jüngerer Sohn brachte es damals mit einem Satz auf den

Punkt. Auf die Frage, wie lange wir in den Rocky Mountains bleiben wollen und wie lange in der Cariboo Region, meinte er: „Die Berge in Kanada sind überall sehr schön. Aber hier haben wir sie für uns allein." Er hat bis heute Recht behalten.

Wer den Westen Kanadas schon bereist hat, vielleicht sogar mehrmals, und jetzt auf der Suche ist nach neuen Zielen, der wird hier fündig. Die Highways hier sind nicht mit dem Icefields Parkway in den Rocky Mountains vergleichbar. Die Landschaft schöpft ihre Schönheit nicht aus smaragdgrünen Bergseen und die Highways säumenden Dreitausendern. Sie fasziniert vielmehr durch ihre Ursprünglichkeit, ja beinahe Wildheit, begleitet von zerfallenden, aus der Zeit des Goldrausches stammenden Blockhütten am Wegesrand.

Und doch gibt es sie, die Bergseen und schneebedeckten Gipfel, samt ihrer beeindruckenden, majestätischen Gletscher. Aber ihre Schönheit teilt man sich nicht mit in Bussen anreisenden Touristengruppen. Man findet sie in den Cariboo Mountains oder den Coast Mountains, doch nur, wenn man nach ihnen sucht oder sich von Ortskundigen den Weg dorthin weisen lässt.

Wer sich vor Stille nicht fürchtet, wer keine weltbekannten Ortsnamen aufzählen muss, um sagen zu können, wie toll der Urlaub war, wer es genießen kann, am Seeufer die Angel auszuwerfen und sich von der den See umgebenden Bergwelt beeindrucken zu lassen und wer bei der Beobachtung eines Grizzlybären beim Lachsfang alles um sich herum vergisst und nur die Schauer genießt, die ihm dabei über den Rücken laufen, dem ist es hier möglich, seine ganz persönlichen Träume zu leben, in der Cariboo Chilcotin Coast Region British Columbias.

Karl-Hans Kern

INHALTSVERZEICHNIS

In den Monaten vor der Veröffentlichung dieses Buchs mussten Lokale und Besucherattraktionen immer wieder aufgrund der Corona-Pandemie ihre Öffnungszeiten einschränken oder zeitweise komplett schließen. Die in diesem Band angegeben Öffnungszeiten wurden gewissenhaft nach dem letzten bekannten Stand recherchiert – mit weiteren Änderungen ist jedoch nach der Pandemie zu rechnen, weshalb wir Lesern empfehlen, während des Aufenthalts in der Region Cariboo Chilcotin Coast Öffnungszeiten anhand der hier aufgeführten Internetseiten selbst zu überprüfen.

Junger Schwarzbär am Highway 20

WILLKOMMEN IN DER REGION CARIBOO CHILCOTIN COAST

All diejenigen, die schon ein- oder mehrmals den Westen Kanadas bereisten und jetzt nach Reisealternativen fernab der Touristenkonzentrationen suchen, können mit der Cariboo Chilcotin Coast Region einen neuen Sehnsuchtsort für sich entdecken.

Es erwartet sie ein ursprüngliches, stellenweise noch wildes Kanada, das fernab von ständiger Erreichbarkeit und überfüllten Besucherparkplätzen Raum und Platz bietet für das ganz persönliche Abenteuer. Wer sich in der Natur zu Hause fühlt, dem bieten immergrüne Nadelwälder mit versteckt liegenden Seen, Wüsten, Canyons, Laubwälder, Meeresfjorden, Hochgebirge und Gletschern unzählige Möglichkeiten für unvergessliche Outdoor- und Reiseerlebnisse. Stundenlang wandern können ohne einer Menschenseele zu begegnen, mit dem Kanu durch das Wasser gleiten und dabei die Stille zu hören, den Grizzlybären dabei zu beobachten, wie er geschickt den Lachs aus dem Wasser fischt, oder auf dem Rücken eines Pferdes den Alltag hinter sich lassen. Das sind Erlebnisse, über die man am Lagerfeuer oder in der Blockhütte der Guest Ranch gerne erzählt und die in Erinnerung bleiben.

Viele Unterkünfte, Ranches und Resorts, die bei Reiseveranstaltern werben und Gäste aus aller Welt empfangen, sind ebenso wie Provincial Parks, Campingplätze, Wasserfälle und Ausgangspunkte für Touren in die Wildnis British Columbias nur über Schotterstraßen, die Gravel Roads, erreichbar. Neben den wenigen asphaltierten Highways durchzieht daher ein Netz von Schotterstraßen die gesamte Region. Sie sind Teil der Infrastruktur des Alltagsverkehrs und werden rege genutzt. Für Touristen ist es wichtig, zwischen Zufahrten zum Beispiel zu Unterkünften oder Campingplätzen und den Gravel Roads zu unterscheiden, die für Holzfällarbeiten und deren große Trucks angelegt wurden. Diese dürfen mit gemieteten Fahrzeugen oft nicht befahren werden.

Hendrix Lake Road

Von den Cariboo Mountains im Osten und der Pazifikküste im Westen erstreckt sich die Cariboo Chilcotin Coast Region von den Gemeinden Lillooet und Cache Creek im Süden bis nach Hixon und Stoner im Norden. Weiter westlich begrenzen im Süden das Homathko Icefield und der Birkenhead Lake Provincial Park und im Norden der Finger-Tatuk Provincial Park die Region. Hier lebten über tausende von Jahren hinweg die unterschiedlichen Stämme der First Nation People, bevor Mitte des 19. Jahrhunderts die ersten europäischen Siedler, Goldsucher und Abenteurer in die Cariboo Region aufbrachen. Sie drangen Richtung Norden vor und suchten in den Goldfeldern von Barkerville ihr Lebensglück. Weiter westlich, im Chilcotin, gründeten Cowboys Ranches und trieben Rinderherden durch das Hochplateau des Chilcotin, um die Menschen in diesen neuen Siedlungen mit Fleisch zu versorgen. Nur über Wildnispfade erreichbar blieb bis in die 1950er-Jahre hin-

ein die Siedlung der Nuxalk First Nation im Bella Coola Valley der Coast Region.

Heutiges Zentrum der drei Regionen ist die rund 10.000 Einwohner zählende Cowboystadt Williams Lake, die an der Kreuzung des Highway 97 mit dem Highway 20 liegt. Erster Anlaufpunkt für Reisende ist hier das Tourism Discovery Centre am Highway 97 im Süden der Stadt. Gebaut aus rotem Zedernholz, beherbergt es das Visitor Centre, einen Souvenirladen mit regionalen Produkten und mehrere Ausstellungsräume. Ein mit Kanu, Mountainbike, Pferdegeschirr und Reitsätteln voll bepackter Kleinwagen symbolisiert vor großen Wandbildern der Landschaft den Geist der Region als „Land ohne Grenzen", die Bezeichnung, die auch die regionale Tourismusorganisation für sich gewählt hat: „Land Without Limits" (*landwithoutlimits.com*).

Chilko Lake South

TOP 10

DER SEHENSWÜRDIGKEITEN IN DER REGION

1 **Bowron Lake Kanutour:** Sie gilt als eine der schönsten Kanutouren der Welt. Großartige Natur, wunderschöne Landschaften, Bären, Elche und ein einzigartiges Paddelerlebnis über eine Strecke von 116 Kilometern. So lässt sich das Naturparadies zwischen dem Historic Town Barkerville und dem Highway 16 gelegenen Bowron Lake Provincial Park und die dort mögliche mehrtägige Kanutour beschreiben. Rund acht Tage und sieben Nächte ist man auf den Seen unterwegs, übernachtetet wird im Zelt; *bcparks.ca/reserve/bowron-lake*

2 Barkerville: In der Historic Town Barkerville leben die Menschen heute noch wie zur Zeit des Goldrausches in der Cariboo Region. Sie beleben das Straßenbild mit ihrer traditionellen Kleidung und gehen Tätigkeiten nach, die das Leben in der damaligen Zeit prägten. Einen Blick in das Wohn- und Schlafzimmer eines Goldgräbers zu werfen hilft, das Bild über die damalige Lebenssituation der Menschen ins rechte Licht zu rücken. Da bleibt kaum Platz für Abenteuer und Romantik am Kaminfeuer im tiefsten kanadischen Winter. Die Menschen in Barkerville suchten nach Gold, Glück und einer neuen Lebensperspektive und waren letztendlich allesamt dazu verdammt, unter schwierigsten Bedingungen ihr Dasein zu fristen; *barkerville.ca*

3 Farwell Canyon: Eine völlig andere Landschaft erwartet Reisende, die von Williams Lake her kommend in Riske Creek zum Farwell Canyon abbiegen. Die Straße führt als Gravel Road durch eine Sanddünenlandschaft, die entlang des Chilcotin River zum pittoresken Canyon wird. Zahlreiche Hoodoos, bizarr geformte Felssäulen, verleihen dem Canyon ein ganz besonderes Bild. Während der Lachswanderung im Herbst kommen Vertreter der First Nations aus der Umgebung hierher, um in traditioneller Art und Weise Lachse zu fangen. Mit etwas Glück kann man Bighorn-Schafe beobachten, die im Sheep Range Provincial Park rund um den Canyon leben; *williamslake.ca/762/Farwell-Canyon*

4 **Grizzlybären:** Die Beobachtung von Bären in ihrem natürlichen Lebensraum gehört sicher zu den Höhepunkten einer jeden Kanadareise. Wer als Reisezeit den Herbst gewählt hat, kann die majestätischen Grizzlybären beim Lachsfang beobachten. Vor allem im Bella Coola Valley, entlang des Highway 20, gibt es neben der Bärenbeobachtungsplattform im Tweedsmuir Provincial Park South zahlreiche Stellen, an denen der Blick auf eine der vielen Sandbänke schweifen kann, auf denen sich die Bären auf der Suche nach Lachsen bewegen. Ein weiterer Platz zur Bärenbeobachtung ist der Chilko River und das Nordende des Chilko Lake.

5 **Rundflug Coast Mountains:** Kopfhörer aufsetzen gegen den Lärm beim Start, das Kribbeln im Bauch ignorieren und dann geht es los. Immer schneller rauscht das Wasserflugzeug über den See, um dann abzuheben in den Himmel des Chilcotin. Der Nimpo Lake am Highway 20 war über Jahrzehnte hin bekannt als die Metropole der Wasserflugzeuge. Noch heute bringen die Flugzeuge Angler zu entlegenen Seen, dienen als Transportmittel in der Wildnis und lassen Reisende die Schönheit des Küstengebirges aus der Luft erleben. Unvergesslich, grandios, fantastisch sind nur einige der Wörter, mit denen sich der Rundflug über das Monarch Icefield und die Rainbow Mountains beschreiben lässt. Bei schönen Wetter gehört dieser Rundflug zu den spektakulärsten Erlebnissen der Region; *tweedsmuirair.com/about.html*

6 **Mit der Fähre durch die Fjorde:** Es ist eine Tagestour mit der Fähre von Port Hardy, im Norden Vancouver Islands, nach Bella Coola. Vorbei an kleinen Inseln fährt man der aufgehenden Sonne entgegen. Nach der Überquerung des offenen Meeres werden die Fjorde des Regenwaldes erreicht. Begleitet von Walen und Delfinen nähert man sich am Nachmittag der Gletscherwelt des Küstengebirges. Immer wieder leuchten die Gletscher am Horizont, während Weißkopfseeadler an der Küste kreisen. Für das leibliche Wohl ist bei der Überfahrt gesorgt. Der Zielort Bella Coola wird am späten Nachmittag erreicht; *bcferries. com/routes-fares/schedules*

7 **Wasserfälle:** Mit 260 Meter Falltiefe zählen die Hunlen Falls im Tweedsmuir Provincial Park South zu den höchsten frei fallenden Wasserfällen in British Columbia. Am besten lassen sie sich mit dem Wasserflugzeug besuchen, das vom Nimpo Lake aus zum Turner Lake fliegt. Vom Landeplatz sind es nur wenige Kilometer Fußweg bis zum Aussichtspunkt. Mit dem Pkw über die Barkerville Backroad erreichbar sind die Ghost Lake Falls und Matthew River Falls im Cariboo Mountain Provincial Park. Den ersten Teil des Wasserfalls sieht man von der Brücke aus, die über den Matthew River zum Campground führt. Der zweite Wasserfall ist von einem kleinen Wanderweg hinter dem ersten Stellplatz aus zu sehen; *hellobc.com/stories/waterfalls-in-the-cariboo-chilcotin-plateau*

8 **Wanderung zum Eureka Peak:** Es gibt unzählige Wandermöglichkeiten in der Cariboo Chilcotin Coast Region, aber die Wanderung zum Eureka Peak bietet Vorteile, die gerade

für Wanderungen in der Wildnis British Columbias von Vorteil sein können: Denn hier ist man allein unterwegs und darauf angewiesen, dass Menschen wissen, wo man sich aufhält. Vor allem, wenn man die Wanderung mit einer Übernachtung auf dem Gipfel verbindet. Das ist möglich, sofern man Zelt und Schlafsack mitnimmt. Die Besitzer des Crooked Lake Resorts bringen Wanderer gerne zum Trailhead und begeben sich auf die Suche, wenn man nicht zur vereinbarten Zeit zurückgekehrt ist. Wie so oft in Kanada führt auch hier der Weg steil nach oben, begrenzt von dichtem Tannenwald. Mit dem Erreichen der Baumgrenze schweift der Blick über die Berge der Cariboo Region bis hin zu den Gipfeln des Wells Gray Provincial Parks. Wer nicht so lange wandern und trotzdem den Gipfel erreichen will, kann sich mit dem Quad bis zur Baumgrenze bringen lassen und von dort aus die Wanderung fortsetzen.

9 **Turner Lake Wildnishütte:** Wer hat nicht schon einmal davon geträumt, einige Tage allein in einer Hütte an

einem See zu verbringen, mitten in der Wildnis, nur umgeben von Wald und Bergen? Das ist am Turner Lake im Tweedsmuir Provincial Park South möglich. Dort unterhält die Parkverwaltung British Columbias zwei einfache Hütten, die über Tweedsmuir Air am Nimpo Lake vermietet werden. Benötigt wird Schlafsack, Verpflegung und die Lust auf ein Abenteuer. Die Hütten selbst sind ohne Stromversorgung und mit Doppelstockbetten, einer Spüle samt Geschirr sowie einem Holzofen ausgestattet. Wasser wird aus dem See geholt und abgekocht. Den Aufenthalt sollte man unbedingt mit einer Kanutour verbinden. Denn von hier aus ist sowohl der Besuch der Hunlen Falls als auch eine mehrtägige Tour auf der Turner Lake Seenkette möglich. Kanus und Ausrüstung werden in einer weiteren Hütte aufbewahrt und können ebenfalls ausgeliehen werden; *bcparks.ca/explore/parkpgs/tweeds_s/*

---

10 **Ranchleben:** Der „Wilde Westen" Kanadas ist hier in der Region noch allgegenwärtig. Der Highway 20 führt durch „open Ranchland". Pferde und Rinder am Straßenrand oder gar mitten auf dem Highway sind daher keine Seltenheit. Und so sind die Unterkünfte der Region auch vom Ranchleben geprägt. Stilvolle Blockhäuser, saftige Weiden und Pferde laden dazu ein, einmal als Cowboy oder Cowgirl auf dem Rücken der Pferde durch die Wildnis zu reiten. Wer länger und intensiver den Ranchaufenthalt genießen und ihn mit der Arbeit der Cowboys- und -girls verbinden will, der findet auf Ranches wie zum Beispiel der Terra Nostra Guest Ranch am Highway 20, der Wettstone Guest Ranch am Fishing Highway oder der Kayanara Guest Ranch am Eagle Creek und vielen anderen Unterkünften dazu Gelegenheit;
landwithoutlimits.com/things-to-do/guest-ranches-rodeos/

KURIOSES & BESONDERHEITEN

AUS DER REGION CARIBOO CHILCOTIN COAST

Die Cariboo Chilcotin Coast Region ist geprägt von der Geschichte des „wilden Westens", von Goldsuchenden, Viehherden und noch nahezu unberührten Naturschönheiten.

Wer über den Highway 97 von Cache Creek aus in Richtung Norden fährt, kommt an Orten wie 70 Mile House, 94 Mile House, 100 Mile House oder 108 Mile House vorbei. Die Nummerierung stammt aus der Zeit der Goldgräber, als Reisende mit Pferd und Planwagen unterwegs waren. Sie gaben die Entfernung nach Lillooet an, dem Standort der 0 Mile und Startpunkt der Cariboo Wagon Road, dem 300 Meilen langen Weg in die damalige Goldgräberstadt Barkerville. An den Raststätten, den Roadhouses, konnten die Pferde auf dem Weg in die Goldfelder gewechselt und versorgt werden. Rund um die damaligen Roadhouses sind heute kleine Dörfer und Städte entstanden, in denen sich immer wieder Relikte aus der Zeit des Goldrausches entdecken lassen. An der Hauptstraße in Lillooet markiert ein Stein mit der Inschrift „Mile 0" noch heute den Ausgangspunkt für die Pioniere und Abenteurer vergangener Jahrhunderte; *visitlillooet.ca/activities/heritage-culture/#historic*.

Während in der Hauptreisezeit viele Campgrounds in den touristischen Zentren British Columbias vorab reserviert werden müssen, bietet die Cariboo Chilcotin

Coast Region Wohnmobilreisenden noch die Möglichkeit zum flexiblen Reisen. Vor allem im Hinterland, abseits der Highways und meist idyllisch an Seen oder Flussläufen gelegen, finden sich Recreation Sites, einfache Campingplätze, ausgestattet mit Tisch und Bänken sowie einer Feuerstelle. Sie funktionieren nach dem Prinzip „first come, first serve". Ein großer Teil der Stellplätze kann sogar kostenlos genutzt werden. Auf einer offiziellen Internetseite der Provinzregierung findet sich eine ausführliche Beschreibung aller gelisteten Stellplätze und die Zufahrtsmöglichkeiten; *sitesandtrailsbc.ca*

Reisende, die schon einmal Quebec im Osten Kanadas besuchten, kennen die freundlichen, einladenden Orte, an denen Menschen während der Ahornsirup-Ernte zusammenkommen, um traditionell in Ahornsirup zubereitete Eier, Speck, Bohnen und Schinken zu sich zu nehmen, die Sugar Shacks, die „Zuckerhütten". Brenda und Robert, beide aus Quebec, vermissten nach ihrem Umzug nach 70 Mile House in der Cariboo Region ihren Maple Sirup und das ebenfalls aus Quebec stammende traditionelle Kartoffel-, Käsegericht Poutine. Daher entschieden sie sich den Osten Kanadas nach British Columbia zu bringen und eröffneten am Highway 97 ihr eigenes charmantes Stück Quebec, ihr Sugar Shak. Neben den Regalen mit Ahornsirup in Dosen, original aus Québec in den Westen gebracht, Ahornbutter, -toffee und -essig, können Reisende einen Zwischenstopp einlegen und ein original Quebecer Poutine zu sich nehmen.

Am Ende des Bella Coola Valley windet sich der Highway 20 als Gravel Road durch das Küstengebirge hinauf zum 1542 Meter hohen Heckman Pass. Freedom Road wird der Highway auch genannt. Denn er erstand aus dem Engagement der Bürgerinnen und Bürger der Region. Weil die Regierung British Columbias Ende der 1940er-Jahre kein Interesse zeigte die Straße von Anahim Lake nach Bella Coola zu verlängern, nahmen die Menschen die Sache selbst in die Hand. Mit Spenden und zwei Bulldozern arbeiteten sie sich von Bella Coola und Anahim Lake aus Meter für Meter vor, sprengten Felsen weg und planierten den freigelegten Weg. Am 26. September 1953 trafen die freiwilligen Bautrupps aufeinander. Seither ist der Heckman Pass die Verbindung zum Pazifik und bleibt mit teilweise 18 Prozent Gefälle eine fahrerische Herausforderung gerade für Reisende mit großen Wohnmobilen; *bellacoola.ca/portfolio/history-of-the-hill/*

Insbesondere wer auf einer Gravel Road in der Wildnis British Columbias unterwegs ist und plötzlich einen Schaden an seinem Fahrzeug feststellt, der ist auf Hilfe angewiesen. Telefon und Internet funktionieren abseits der Hauptstraßen oft nicht, so dass man nur abwarten kann. Es wird, egal wo man unterwegs ist, nicht lange dauern und ein Fahrzeug wird auftauchen. Und dessen Fahrerin oder Fahrer wird anhalten und fragen, ob man Hilfe benötigt. Und die darf man dann auch gerne annehmen. Helfen beim Reifenwechsel, jemanden zum nächsten Telefon bringen oder einen Abschleppdienst informieren – das sind Selbstverständlichkeiten in Kanada. Und das gilt natürlich ganz besonders auch bei ärztlichem Hilfebedarf.

Bärenspray und mehr

Wer plant, längere Zeit in der Wildnis unterwegs zu sein, der wird sich entsprechend darauf vorbereiten und ausstatten. Da Dinge wie Bärenspray oder Gaskartuschen für den Outdoorkocher nicht in Deutschland gekauft und im Flugzeug transportiert werden dürfen, muss man sie sich

vor Ort besorgen. Outdoorläden gibt es in Vancouver und Umgebung wie Sand am Meer. Fasziniert hat uns das Angebot in Verbindung mit der Unternehmensphilosophie der Mitgliederkooperative MEC, Mountain Equipment Co-operative. Ziel des Unternehmens und seiner Geschäftsstruktur ist es, seine Werte umzusetzen und nicht maximalen Profit zu erwirtschaften. Im Vordergrund stehen Nachhaltigkeit, ökologische Fairness und ethisches Handeln. Für einmalig fünf Dollar wird man Mitglied und damit Teil einer Gemeinschaft von mehr als fünf Millionen Menschen, die gerne in der Natur aktiv sind. Als Mitglied kann man nicht nur in den MEC-Läden in Kanada einkaufen, sondern von den Erfahrungen der Outdoor-Gemeinschaft profitieren. Man berät sich gegenseitig, berichtet über seine Erfahrungen, gibt Tipps und beteiligt sich darüber hinaus an gemeinsamen Aktivitäten wie Wettläufen, Kanu-Festen und anderen Outdoor-Erlebnissen.

Bargeld oder Karte

In Kanada lässt sich nahezu alles mit der Kreditkarte bezahlen. Gerade wer aber mit dem Zelt oder Wohnmobil unterwegs ist, muss etwas Bargeld bei sich führen. Das gilt insbesondere für kleine Scheine und Dollar-Münzen. Denn in Provincial Parks und auf Recreation Sites, den einfach ausgestatteten Campgrounds, herrscht das Prinzip der Self Registration vor, der eigenständigen Anmeldung. Man füllt die dafür vorgesehenen Briefumschläge mit den persönlichen Daten aus, legt das Geld in den Umschlag und wirft ihn in den dafür vorgesehenen Briefkästen. Erst dann kann der Stellplatz genutzt werden.

Tipp: Boot im Gepäck

Wer mit dem Wohnmobil unterwegs ist und einen wunderschönen Stellplatz am See gefunden hat, ist für das Erkunden der Umgebung auf dem Wasser auf einen Bootsverleih angewiesen. Aber solche gibt es gerade an den versteckt liegenden Seen der Region meist nur dort, wo sich auch eine Lodge oder eine Ranch befindet. Das hat uns dazu veranlasst ein Boot anzuschaffen, das transportabel, aber auch sicher genug ist, um auf Seen eingesetzt zu werden: ein aufblasbares Zweier-Kajak von 4,10 Meter Länge und 80 Zentimeter Breite. Verpackt in einen Rucksack wiegen Boot und Paddel zusammen 20 Kilogramm. Es kommen noch Schwimmwesten dazu. Bisher konnten wir das Boot problemlos bei allen Fluggesellschaften als Sportgepäck oder zweites Gepäckstück aufgeben. Sein Einsatz hat unseren Urlaub immens bereichert und uns Momente erleben lassen, die uns ansonsten verborgen geblieben wären.

Arctic Ocean
Baffin Bay
KANADA
NORTHWEST TERRITORIES
NUNAVUT
YUKON
Yellowknife
Iqaluit
Whitehorse
Hudson Bay
BRITISH COLUMBIA
SASKATCHEWAN
NEWFOUNDLAND & LABRADOR
ALBERTA
MANITOBA
QUÉBEC
Edmonton
ONTARIO
Regina
Winnipeg
Victoria
St. John's
Québec
Charlottetown
Ottawa
Fredericton
USA
Toronto
Halifax
1 NEW BRUNSWICK
2 PRINCE EDWARD ISLAND
3 NOVA SCOTIA
Atlantic Ocean

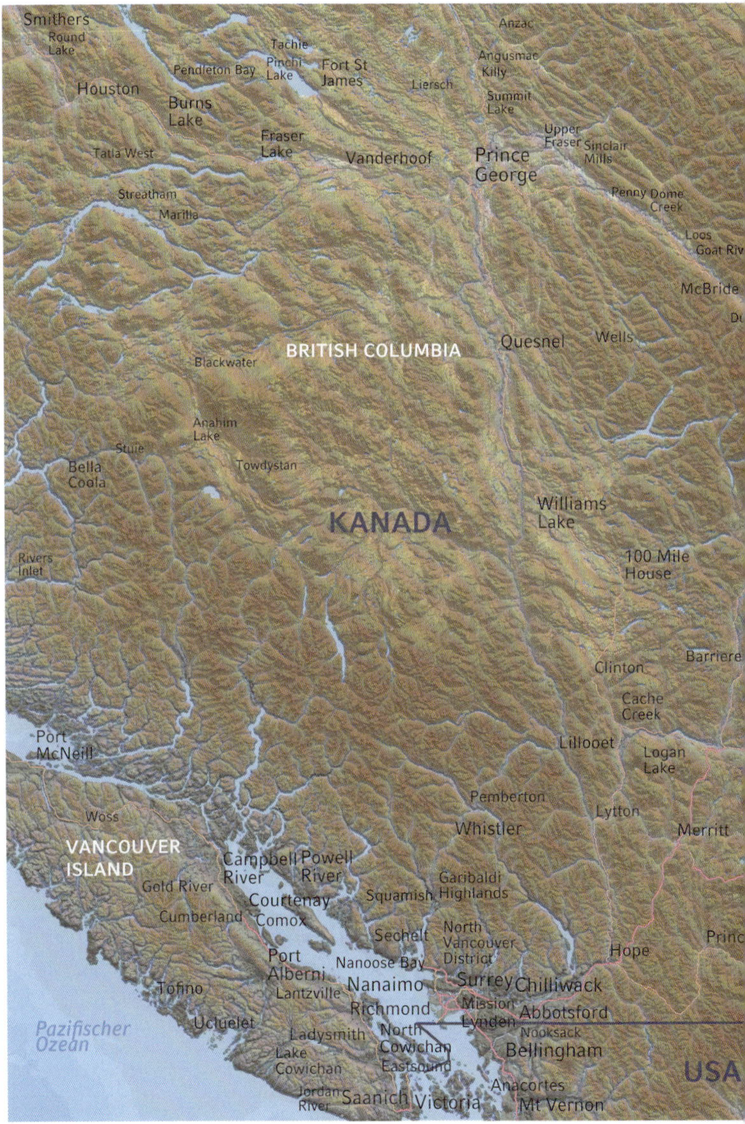
Smithers
Round Lake
Tachie
Pinchi Lake
Fort St James
Anzac
Angusmac
Killy
Summit Lake
Pendleton Bay
Houston
Burns Lake
Liersch
Fraser Lake
Upper Fraser
Sinclair Mills
Tatla West
Vanderhoof
Prince George
Streatham
Marilla
Penny
Dome Creek
Loos
Goat Riv
McBride
BRITISH COLUMBIA
Quesnel
Wells
Blackwater
Anahim Lake
Stuie
Bella Coola
Towdystan
KANADA
Williams Lake
Rivers Inlet
100 Mile House
Clinton
Barriere
Cache Creek
Port McNeill
Lillooet
Logan Lake
Pemberton
Woss
Lytton
Whistler
Merritt
VANCOUVER ISLAND
Campbell River
Powell River
Gold River
Garibaldi Highlands
Squamish
Courtenay
Cumberland
Comox
Sechelt
North Vancouver District
Hope
Port Alberni
Nanoose Bay
Tofino
Lantzville
Nanaimo
Surrey
Chilliwack
Richmond
Mission
Abbotsford
Pazifischer Ozean
Ucluelet
North Cowichan
Lynden
Ladysmith
Nooksack
Bellingham
Lake Cowichan
Eastsound
USA
Anacortes
Jordan River
Saanich
Victoria
Mt Vernon

Vancouver Island und die „kleine Inside Passage"

Start der Fähre in Port Hardy durch die Strait of Georgia

Vancouver Island und die „kleine Inside Passage"

1. Richmond: am Beginn der Reise
2. Campbell River: Grizzlybärentour
3. Mit der Northern Sea Wolf nach Bella Coola

Quesnel
3
Bella Coola
Bella Bella
Williams Lake
KANADA
3
Port Hardy
Coal Harbour
Port McNeill
Port Alice
Lillooet
Pemberton
Woss
2
Whistler
Campbell River
Powell River
Gold River
Garibaldi Highlands
Courtenay
Squamish
Cumberland
Comox
1
Port Alberni
Burnaby
Nanoose Bay
Chilliwack
Tofino
Nanaimo
Delta
Abbotsford
Ucluelet
Ladysmith
Lynden
Lake Cowichan
Pazifischer Ozean
Saanich
Victoria
Neah Bay
Sooke
Port Angeles
Everett
VEREINIGTE STAATEN
Seattle

1. Richmond: am Beginn der Reise

Wer nach Vancouver fliegt, die Stadt jedoch schon kennt und am anderen Morgen mit der Fähre nach Norden aufbrechen will, der findet in Richmond und damit unweit des Flughafens mehrere geeignete Hotels und privat geführte Unterkünfte sowie einige lohnenswerte Ziele.

Richmond Country Farms

Ein Beispiel ist der Bauernmarkt am Steveston Highway. Hier bieten Landwirte aus der Umgebung täglich ihr Obst und Gemüse an. Neben einem kleinen Grocery Store mit landwirtschaftlichen Produkten werden auf Tischen und in großen Holzkisten Äpfel, Gurken, Auberginen, Trauben, Salate, Blumen und im Herbst farbenprächtige und unterschiedlich geformte Kürbisse präsentiert. Unmittelbar neben dem Markt liegt ein kleiner Vergnügungspark mit Tieren aus dem Bauernhof. Familien mit ihren Kindern können am stilechten Wildwest-Bahnhof in die Eisenbahn einsteigen und gemeinsam eine Runde durch den Park drehen.

Richmond Country Farms: Erlebnisbauernhof

Der täglich geöffnete Richmond Country Farms Market und der daneben liegende Park gehen auf die Initiative einer aus Deutschland stammenden Familie zurück, die auf dem gleichen Gelände eine gemütliche Winery betreibt, die Country Vines Winery. Hier kann man von Donnerstag bis Montag Wein kosten und hinter der Probierstube bei offenem Tischfeuer den Tag romantisch ausklingen lassen. Zwar schließt die Winery offiziell um 18 Uhr, aber Tische und Bänke im Vorgarten können auch darüber hinaus genutzt und der Wein und mitgebrachtes Essen in Ruhe getrunken und verzehrt werden.

Fähranleger Tsawwassen

Um von Richmond aus zur Fähranlegestelle nach Port Hardy im Norden von Vancouver Island zu gelangen, bietet die Fährverbindung von Tsawwassen nach Nanaimo die schnellste

Möglichkeit. So vermeidet man die Fahrt zur Rushhour durch Vancouver nach Horseshoe Bay, dem Fähranleger im Norden der Stadt. Und auch von Tsawwassen aus ist nach zwei Stunden Fahrt Nanaimo erreicht. Da man auch bei einer vorherigen Reservierung der Fähre rund eine Stunde vorab am Fähranleger sein muss, gilt es den Tag für die Fährfahrt und die Weiterfahrt in das rund 400 Kilometer von Nanaimo entfernte Port Hardy entsprechend zeitlich zu planen. Entspannter reist es sich allerdings mit einer Zwischenübernachtung.

Country Vines Winery

INFO

Lage: Richmond, zu Metro Vancouver gehörend, liegt südlich des Fraser River und des Internationalen Flughafens von Vancouver. Von Vancouver Downtown ist Richmond in 30 Minuten mit dem Skytrain erreichbar.

Anfahrt: Vom Internationalen Flughafen Vancouver ist Richmond nur 7 Kilometer entfernt. Sie ist an das öffentliche Verkehrsnetz des SkyTrain angebunden und auch mit Bus und Taxi gut erreichbar.

Aktivitäten:

- Bauernmarkt: täglich von 9 bis 19 Uhr geöffnet; am östlichen Ende des Steveston Highway in Richmond, gleich nach der Kreuzung mit dem Highway 99; *countryfarms.ca*
- Weingut „Country Vines“: saisonal von Donnerstag bis Montag von 11 bis 18 Uhr geöffnet. Im Herbst ist das kleine Weingut täglich geöffnet: montags bis freitags jeweils von 11 bis 18 Uhr, samstags und sonntags bis 19 Uhr; am östlichen Ende des Steveston Highway in Richmond, gleich nach der Kreuzung mit dem Highway 99; *countryvines.ca*
- Leicht und schnell erreichbar ist das Fischerstädtchen Steveston, am anderen Ende des Steveston Highway. Von dort aus können Walbeobachtungstouren unternommen und nach dem Bummel durch die Einkaufsstraße am Hafen frische Meeresfrüchte und Fisch genossen werden.

Unterkunft:

- Vancouver Country House by Elevate Rooms: Gästehaus mit geschmackvoll eingerichteten Zimmern, eigenem Schwimmbad und einer Gemeinschaftsküche. Hinweis: Das Vancouver Country House by Elevate Rooms verfügt über keine eigene Webseite. Es ist aber bei unterschiedlichen Buchungsportalen geführt und entsprechend beschrieben.

Fähre: Nur 17 Kilometer entfernt liegt die Fähranlegestelle Tsawwassen. Von hier aus starten die Fähren nicht nur nach Victoria, sondern auch nach Nanaimo; BC Ferries: *bcferries.com*

2. CAMPBELL RIVER: GRIZZLYBÄRENTOUR

Auf dem Weg nach Port Hardy, der Fährstation nach Bella Coola, oder von dort zurück nach Vancouver kommt man an Campbell River vorbei. In der Zeit der Wanderung der Lachse an ihre Laichplätze starten von hier aus – ab Mitte August bis Mitte Oktober – Bootstouren zur Grizzlybären-Beobachtung in der Orford Bay im Bute Inlet in den Coast Mountains des Festlandes. Die Touren werden stark nachgefragt – nicht nur der Bären wegen.

Grizzlybär beim Lachsfang

Es gibt mehrere Anbieter von Grizzlybären-Beobachtungstouren in Campbell River. Alle aber arbeiten mit den Homalco First Nations zusammen. Ihr Name bedeutet so viel wie „die Menschen von den schnell fließenden Gewässern"; ihre Lebens- und Jagdgründe erstreckten sich über den Homathko River, den Southgate River, die Orford Bay und die Gebiete an der Mündung des Bute Inlet. Die Guides begleiten alle Touren, geben Informationen und sorgen für die Sicherheit.

Springender Buckelwahl in der Strait of Georgia

Vom Hafen in Campbell River aus starten die Boote am späten Vormittag. Die Teilnehmerzahl ist bei jedem Anbieter begrenzt, sodass nur Gruppen von 12 bis 20 Personen unterwegs sind. Die Boote sind mit einer geschlossenen Kabine und einer Aussichtsplattform ausgestattet, so ist es für alle gut möglich, Wale und andere Meerestiere auf dem Weg zu den Bären zu beobachten.

Schon die zwei Stunden dauernde Fahrt in die Orford Bay ist ein Erlebnis. Vorbei an Inseln und zerklüfteten Felsen der Küste des Festlandes, begegnet man Buckel- und Killerwalen, liegen Robben auf Inseln und Adler überfliegen die Küste auf der Jagd nach frischem Fisch. Bei Kaffee und Sandwiches stehen die Tourbegleiter für Fragen zur Verfügung oder erläutern anhand von Schaubildern das Leben im Meer zwischen Vancouver Island und dem Festland.

Von der Anlegestelle an der Orford Bay begleiten die einheimischen Führer die Gruppe in ihr traditionelles Lebens- und Jagdgebiet in den südlichen Ausläufern des großen Bärenregenwaldes. Begleitet von Erzählungen über ihre Kultur und ihrer Verbundenheit mit der Natur und den hier lebenden Tieren, startet man in kleinen Bussen

Weißkopfseeadler

Buckelwahl beim Abtauchen

zu Aussichtsplattformen tief im Lebensraum der Grizzlybären an den Jahrhunderte alten Lachslaichplätzen.

Alle Plattformen sind umzäunt und so angelegt, dass man Einblick hat in die Flussverläufe und das, was sich am Ufer zeigt. Während der Beobachtung, die abhängig von den gesichteten Tieren auch länger dauern kann, ist die Eingangstür zur Plattform verschlossen und es gilt sich möglichst ruhig zu verhalten. Mit Fernglas oder Teleobjektiv der Kamera lassen sich Bärenmütter mit ihren Jungen, Bären beim Lachsfang und auch Weißkopfseeadler aus nächster Nähe in ihrem Lebensraum beobachten.

Nach zwei Stunden kehrt man zurück nach Campbell River und hat noch einmal die Chance Wale in der Strait of Georgia beobachten zu können.

INFO

Lage: Campbell River liegt auf der Ostseite im mittleren Teil Vancouver Islands, gegenüber von Quadra Island an der Strait of Georgia.

Anfahrt: Von der Fähranlegestelle Duke Point in Nanaimo sind es über den Highway 19 rund 170 Kilometer bis Campbell River. Wenige Kilometer kürzer ist die Strecke, wenn man mit der Fähre von Horseshoe Bay am Fähranleger Departure

Bay in Nanaimo ankommt. Die Anbieter der Grizzlybären-Beobachtungstouren haben ihre Büros in Hafennähe am Highway 19a.

Öffnungszeiten: Die Touren werden, abhängig vom jeweiligen Anbieter, im Zeitraum vom 15. August bis 15. Oktober durchgeführt. Auch die täglichen Abfahrtszeiten sind je nach Anbieter unterschiedlich. Die Touren sind gut besucht, daher ist es ratsam, möglichst frühzeitig zu buchen.

Aktivitäten:

- Von Campbell River aus kann man den Elk Falls Provincial Park im Norden der Stadt besuchen. Eine kleine Wanderung führt zu einer Hängebrücke und den 25 Meter tief hinabstürzenden Wasserfällen; *bcparks.ca/explore/parkpgs/elk_falls*
- Insbesondere im Herbst, während der Lachswanderung, lohnt auch der Besuch der Quinsam River Hatchery, einer Lachszuchtanlage im Norden der Stadt. Sie ist über die Quinsam Road erreichbar und bietet Informationen rund um die Lachse und ihren Lebensraum. In der Zählanlage sieht man die wandernden Lachse, und mit etwas Glück kann man am Fluss hinter der Anlage nicht nur die Lachse, sondern auch Bären beobachten; *www.pac.dfo-mpo.gc.ca/sep-pmvs/projects-projets/quinsam/quinsam-eng.html*

Öffnungszeiten: Anbieter von Grizzlybärentouren

- Homalco Wildlife & Cultural Tours: *homalcotours.com*
- Discovery Marine Safaris: *adventurewhalewatching.com*

Hinweis: Die Anbieter begrenzen das Mindestalter für Teilnehmer meist auf zehn Jahre.

Foto Tipp: Auch wenn es Aufwand bedeutet während der Bootstour und auf die Beobachtungsplattformen ein Stativ mitzunehmen, so sollten Fotografen mit der entsprechenden Kameraausrüstung und Teleobjektiven nicht darauf verzichten. In den Flusstälern nimmt der Wald oft das Licht und bei langen Brennweiten und hoher ISO Zahl leistet ein Stativ unverzichtbare Dienste.

3. Mit der Northern Sea Wolf nach Bella Coola

Die Fähre „Northern Sea Wolf" verbindet Port Hardy im Norden von Vancouver Island mit Bella Coola, am Ende des Highway 20 gelegen. Alle, die schon mehrfach den Westen Kanadas besucht haben und sich gerne abseits der Hauptstraßen bewegen, erhalten mit der Fähre eine attraktive Reiseverbindung durch die Cariboo Chilcotin Coast Region – um den Touristenströmen in den Rocky Mountains aus dem Weg zu gehen und dennoch Kanada pur erleben zu können.

Das BC Ferries Terminal Bear Cove liegt neun Kilometer vom Stadtzentrum Port Hardys entfernt. Beim Check-in, das auch am Vortag der Abfahrt erledigt werden kann, müssen der Reisepass und die Buchungsunterlagen vorgelegt werden. Am Abfahrtstag selbst muss man 90 Minuten vor Abfahrt der Fähre am Terminal sein. Die Fähre nach Bella Coola ist tagsüber unterwegs, was die Reise vor allem bei schönem Wetter zu einem unvergesslichen Erlebnis macht.

Fähre am Terminal Bear Cove

Die Fähre ist schon äußerlich an ihrer kunstvollen Malerei der First Nations der Küstenregion erkennbar. Am Bug ziert der Sea Wolf das Schiff. Es stammt von Richard Hunt, einem 1951 in Alert Bay geborenen Künstler der Kwakwaka'wakw, der selbst über seine Arbeit sagt: „Es ist meine Aufgabe die Öffentlichkeit so viel ich kann an meiner Kultur teilhaben zu lassen, damit sie am Leben erhalten wird."

Der Sea Wolf gehört in der Kultur der First Nations zur Komokwa-Familie. Zu ihr gehört alles, was sich im Meer bewegt. Sie besteht aus dem Seeadler, dem Seebären, Komokwa selbst, als dem Oberhaupt der Unterseewelt, dem Seeraben und dem Sea Wolf. Er steht für Familie, Loyalität und den Schutz derjenigen, die zur See fahren.

Die Wahl des Künstlers mit dem Bild des Sea Wolf ist eine Ehrerbietung an die Northern Coast First Nations, die lange Zeit vor den europäischen Einwanderern das Leben an der Westküste prägten und hier ihre Heimat hatten.

Kultur der First Nation ziert das Innere der Fähre

Im Inneren des Schiffes finden sich weitere Wandmalereien und beeindruckende Fotografien der einzigartigen Natur der Coast Mountains. Im Mittelpunkt stehen die schwimmenden Wölfe und natürlich die Grizzlybären im Bella Coola Valley. Sie sind es auch, die zahlreiche Touristen aus Europa und den USA anziehen. Rund hundert Passagiere nutzen im Durchschnitt in der Hauptsaison täglich die Fähre, erläutert die Kapitänin des Schiffes.

Das sich während der Fahrt zeigende Landschaftsbild ist einzigartig. Am frühen Morgen hängen Nebelschwaden in den Coast Mountains und hüllen die Bergspitzen ein. Lediglich die Zinnen der höchsten Berge ragen aus den Schwaden hervor. Inselgruppen vor Port Hardy heben sich noch als Schatten von dem Grau der Morgendämmerung ab.

Mit dem Aufgang der Sonne weicht das Grau einem leuchtendem Orange, das die Bäume der Inseln wie Scherenschnitte erscheinen lässt. Auf der der Sonne abgewandten Seite des Bootes zeigt sich zaghaft das erste Grün der Bäume und Gischt schäumt auf. Mit jeder Minute wechselt das Licht und verfärbt den Himmel.

Bei der Fahrt über das offene Meer sieht man nicht selten Wale oder Delfine, und mit dem Eintritt in den Fjord am Festland verändert sich das Landschaftsbild erneut. Fast zum Greifen nah erscheint die Küste, majestätisch ragen die Coast Mountains empor und ab und an kreisen Adler am Himmel.

Das Fährterminal in Bella Coola liegt am südlichen Ende des kleinen Hafens. Von hier aus führt die Straße in die Stadt und dann als Highway 20 weiter durch das Bella Coola Valley bis Williams Lake.

INFO

Lage: Port Hardy liegt 380 Kilometer von Nanaimo entfernt an der Nordspitze Vancouver Islands. Ein ruhiger Ort, der für mehr als eine Zwischenübernachtung geeignet ist, ist Coal Harbour am Holberg Inlet, 18 Kilometer südöstlich von Port Hardy

Anfahrt:

- Zum BC Ferry Terminal Bear Cove gelangt man über den Bear Cove Highway. Dieser zweigt vom Highway 19 kurz vor Port Hardy rechts ab und erreicht nach fünf Kilometern das Terminal.
- Coal Harbour wiederum erreicht man über die Coal Harbour Road, die kurz nach dem Abzweig zum Terminal nach links abbiegt.

Fähre:

- Die Northern Sea Wolf ist eine kleine Fähre. Sie bietet 35 Fahrzeugen und 120 Passagieren Platz. Die Ein- und Ausfahrt befindet sich am Heck, sodass die Fahrzeuge in Port Hardy rückwärts in die Fähre einfahren oder gewendet werden müssen. An der Einfahrt werden noch einmal der Boarding Pass und die Namen der Reisenden überprüft. Obligatorisch ist auch die Frage nach mitgebrachtem Gefahrgut, das angemeldet werden muss. Wohmobilfahrende werden darauf hingewiesen die Gasflaschen zu schließen. Während der Fährfahrt gibt es zeitlich begrenzten Zugang zum Fahrzeugdeck.
- Für das leibliche Wohl der Gäste ist bestens gesorgt. Wie auf allen größeren Fähren von BC Ferries gibt es auch hier eine Cafeteria, die bis zur Mittagszeit Frühstück, Snacks und ab Mittag Burger, Lachs und Salat anbietet. Ein überdachtes und ein Sonnendeck bieten die Möglichkeit, sich den Wind um die Nase wehen zu lassen und den ungetrübten Blick auf die grandiose Landschaft zu genießen.
- Die Fährfahrten nach Bella Coola starten im Juni und enden zum 30. September. Die aktuellen Abfahrtspläne sind auf der Webseite von BC Ferries abrufbar; *bcferries.com*

Aktivitäten:

- In Coal Harbour lässt sich das Holberg Inlet mit dem Kajak erkunden. Das kann in der Unterkunft Inn on Stephens Bay ausgeliehen und die Paddeltour direkt von dort aus gestartet werden. Stundenlange Spaziergänge entlang der Küste bis hin zu einer kleinen Inselgruppe, auf der sich nicht selten Seehunde aufhalten, sind ebenfalls möglich.
- Ein Tagesausflug in das 75 Kilometer entfernte malerische Telegraph Cove bietet sich bei einer entsprechenden Aufenthaltsdauer an. Von dort aus sind Wal- und Grizzlybären-Beobachtungs- und Kajaktouren möglich.

Unterkunft:

- The Inn on Stephens Bay: Das B&B wird von einem kanadischen Ehepaar betrieben. Er war Koch in Nanaimo und hängte seine berufliche Karriere an den Nagel, um in der Natur und Einsamkeit Coal Harbours dem hektischen Treiben der Stadt zu entfliehen. Die Zimmer des B&B sind mit nachgebauten antiken Möbeln geschmackvoll und sehr gemütlich eingerichtet. Der Blick aus den großen Fenstern im Schlafzimmer und Bad auf das Meer ist atemberaubend; Harbour Road, in Coal Harbour; *bayinn.ca*

Hinweise:

- Reservierung: Selbst bei schlechtem Wetter ist die Fahrt mit der Northern Sea Wolf ein Erlebnis. Aufgrund ihrer hohen Auslastung ist es aber empfehlenswert, die Überfahrt mit der Fähre frühzeitig zu reservieren.
- In seltenen Fälle, wenn die Wellen auf dem offenen Meer zu hoch sind, muss die Fährfahrt zeitlich verschoben werden. Es ist daher empfehlenswert, sich vorab im Büro von BC Ferries am Terminal nach den Wetterverhältnissen und Abfahrtszeiten zu erkundigen.

Auf den Highways in den Norden

Wanderweg im Chilliwack Lake Provincial Park

Auf den Highways in den Norden

4. Sea-to-Sky Highway
5. Birkenhead Lake Provincial Park
6. Highway 1
7. Chilliwack Lake Provincial Park
8. Nahatlatch Provincial Park

Clinton
Kelly Lake
Arden Park
Moha
Glen Fraser
Gold Bridge
Pioneer Mine
6
Ashcroft
4
Lillooet
Basque
5
McGillivray
Toketic
Gates
Pemberton Meadows
Gramsons
Pemberton
Stein Valley Nlaka' Pamux Prov Park
Lytton
Whistler
8
Garibaldi Provincial Park
Garibaldi Highlands
Squamish
Chapmans
4
6
North Vancouver District
West Vancouver
Hope
Harrison Hot Springs
Coquitlam
Ubc
Vancouver
Maple Ridge
Agassiz
Sunshine Valley
Surrey
Rosedale
Chilliwack
Richmond
Newton
Langley Twp
Mission
7
Straße von Georgia
Cloverdale
Vedder Crossing
White Rock
Aldergrove
Abbotsford
Tsawwassen
Point Roberts

4. Sea-to-Sky Highway

Entlang des Highway 99, dem Sea-to-Sky Highway, finden sich bis Lillooet zahlreiche Recreation Sites, die allesamt von der Straße aus gut zu erreichen sind. Es handelt sich bei allen um einfache Campgrounds, die mit Tisch, Bänken, Feuerstelle und Outhouse ausgestattet sind. Sie sind für kleinere und mittlere Wohnmobile geeignet und werden vor allem von Durchreisenden, aber auch Anglern und Outdoor-Begeisterten aus der Umgebung genutzt.

Cal-Cheak Recreation Site

Der erste dieser Campgrounds, die Cal-Cheak Recreation Site, liegt etwa 13 Kilometer südlich von Whistler. Von Vancouver kommend biegt man vom Highway aus rechts ab, überquert die Eisenbahnlinie und kann sich dann für einen der drei Sektoren zwischen Callaghan Creek und Cheakamus River entscheiden. Insgesamt stehen 51 Stellplätze zur Verfügung.

Owl Creek Recreation Site

Wer nach seiner Ankunft noch ein wenig die Gegend erkunden will, kann entlang des Callaghan Creek zu den Brandywine Falls wandern. Sie sind 3,8 Kilometer entfernt und liegen im gleichnamigen Provincial Park.

Die nächste Recreation Site auf dem Weg nach Norden ist Owl Creek. In Mount Currie zweigt die Straße nach Birken, und damit auch zum Birkenhead Lake Provincial Park, ab. Fünf Kilometer weiter nördlich des Abzweigs, gleich hinter der Brücke über den Owl Creek, liegt der Campground mit 15 einfachen Stellplätzen, die sich zum Teil, gut geeignet für größere Wohnmobile, auf einer lichten Apfelbaumwiese befinden. Andere wiederum liegen zwischen Birkenhead River und Owl Creek etwas versteckt im Wald. Angler und Wildwasserkanuten sind diejenigen, die den wenig besuchten Campground nutzen. Im Frühjahr, mit dem Beginn der Campingsaison, versammeln sich an den schattigen Plätzen in Wassernähe gerne auch aufdringliche Moskitos.

Nairn Falls bei Pemberton

Nach Mount Currie wird der Highway 99 zur Duffey Lake Road. Hier laden zwischen dem Duffey Lake und Lillooet gleich vier Recreation Sites zu einem Zwischenstopp ein. Rogers Creek mit 14 Stellplätzen, Gott Creek mit sieben, Cottonwood Campground mit 14 Stellplätzen und rund 20 Kilometer vor Lillooet der Campground Cinnamon, der elf Stellplätze vorhält. Seit 2016 sind diese vier Recreation Sites nicht mehr kostenlos nutzbar, sondern es wird jeweils eine Gebühr von 15 Dollar erhoben.

Duffey Lake am Highway 99

INFO

Lage: Von Vancouver aus überquert der Highway 99 nach Norden zunächst die Lions Gate Bridge und verläuft weiter über Horseshoe Bay entlang des Howe Sound. Die Orte Squamish und Whistler sowie die Provincial Parks Alice Lake, Garibaldi, Joffre Lakes und Duffey Lake begleiten die Reisenden.

Aktivitäten:

- In Squamish kann man den Sea-to-Sky Highway verlassen und über eine Parallelstraße nach Brackendale fahren. Inmitten der Stadt, in der Höhe der Eagle Run Viewing Shelter, befindet sich ein Parkplatz. Auf dem gegenüberliegenden Damm kann man dann am Squamish River entlang spazieren und im Herbst Weißkopfseeadler beobachten; *bcparks.ca/explore/parkpgs/brackendale_eagles*
- Kurz vor Pemberton laden die Nairn Falls zu einem Besuch ein. Vom Parkplatz des gleichnamigen Provincial Park aus sind es 1,5 Kilometer bis zu den Wasserfällen; *bcparks.ca/explore//parkpgs/nairn_falls*
- Ein Stopp im Joffre Lakes Provincial Park ist quasi ein Muss. Die kurze Wanderung zu dem ersten der drei Seen führt in eine kanadische Bilderbuchlandschaft. Das hat sich herumgesprochen, sodass der Park vor allem am Wochenende von Besuchern überlaufen wird. Die Parkverwaltung hat deshalb einen Shuttle eingerichtet, der Besucher vom Parkplatz in der Nähe des Parks dorthin bringt. Das Parken auf dem Highway wird nicht mehr geduldet und hart bestraft; *bcparks.ca/parks/joffre-lakes*
- Der wenige Kilometer weiter nördlich liegende Duffey Lake lädt zum Fotostopp ein. Es gibt mehrere Haltbuchten entlang des Sees, die für Aufnahmen nach Süden aber auch nach Norden gut geeignet sind; *bcparks.ca/explore/parkpgs/duffey_lk*

Website: *sitesandtrailsbc.ca*

5. Birkenhead Lake Provincial Park

Der Birkenhead Lake Provincial Park, 55 Kilometer nordöstlich von Pemberton gelegen, ist einer der schönsten Provincial Parks in British Columbia. Großzügige Stellplätze, umgeben von Wald und Buschwerk, sorgen für die entsprechende Privatsphäre. Am frühen Morgen spiegeln sich im See die Berge: Mount McDonald im Osten und Sun God Mountain im Südwesten. Die Stille ist zu hören und Nebelschwaden lassen den See fast ein wenig geheimnisvoll wirken.

Paddeltour auf dem Birkenhead Lake

Das Hinweisschild zum Birkenhead Lake Provincial Park in Mount Currie ist nicht zu übersehen. Nach links zweigt die kleine Landstraße ab und führt rund 40 Kilometer in Richtung D´Arcy. Gleich zu Beginn der Straße, an der Owl Creek Recreation Site, beginnt auch der 20 Kilometer lange Birkenhead River Trail. Als Teil des Sea to Sky Trails können Wanderer und Mountainbiker den Birkenhead Lake zu Fuß oder mit dem Fahrrad besuchen. Es besteht sogar die Gelegenheit, vom Südende des Sees aus entlang seines Westufers bis zum Parkeingang und von dort aus auf einer Rundtour zurück nach Owl Creek zu fahren oder zu wandern.

Für Wohnmobil- oder Pkw-Reisende verläuft die Straße zunächst parallel zur Stromtrasse nach D´Arcy. Nach rund 40 Kilometern zweigt die nicht asphaltierte Blackwater Lake Road von der Landstraße nach links ab zum Provincial Park. Nach weiteren 17 Kilometern durch dichten Wald und vorbei an der Blackwater Lake Recreation Site erreicht man den Parkeingang. An der Schautafel mit dem Lageplan kann man sich über freie Stellplätze informieren und sich eigenständig anmelden.

Wandermöglichkeit im Birkenhead Lake Provincial Park

Ein gelbes Schild mit einem schwarzen Bären darauf weist darauf hin, dass man sich in Bärengebiet befindet. Ein Foto einer in Kleinteile zertrümmerten Kühlbox belegt anschaulich, zu was Bären fähig sind, wenn man den Stellplatz nicht aufräumt und Essen oder schmutziges Geschirr draußen stehen lässt, was Bären anlockt.

Sockeye Creek Trail

Birkenhead Lake

Die quadratisch angelegten Stellplatzabschnitte können auch mit etwas größeren Wohnmobilen gut durchfahren werden. Allerdings sind alle Stellplätze so angelegt, dass man rückwärts einfahren muss. Sieben der Stellplätze sind mit zwei Fahrzeugen belegbar. Wie überall in Kanada steht auch hier ein Tisch mit zwei Bänken und nebenan die obligatorische Feuerstelle. Feuerholz gibt es beim Facility Operator des Parks. Bei ihm kann man sich auch Kanus ausleihen. Das ist in den Provincial Parks eine Besonderheit. Es gibt nur wenige in British Columbia, in denen die Parkverwaltung selbst einen Verleih anbietet.

Der Park bietet die Möglichkeit, am Westufer des Sees bis zu dessen Südende zu wandern. Der acht Kilometer lange Wanderweg wird auch von Reitern und Mountainbikern genutzt. Ein zweiter Weg führt über den Phelix Creek am nordöstlichen Ende des Campgrounds über eine Holzbrücke und steil hinauf auf eine Anhöhe. Von hier aus lässt sich der See und die ihn umgebenden Berge gut überblicken.

Blick auf den Birkenhead Lake vom Campground aus

INFO

Lage: Der Birkenhead Lake Provincial Park liegt 22 Kilometer westlich von D´Arcy und 90 Kilometer nördlich von Whistler.

Anfahrt: Man erreicht ihn über den Abzweig in Mount Currie nach Birken. Ab der Siedlung Devine führt eine rund 17 Kilometer lange Gravel Road zum Parkeingang.

Unterkünfte: Der Provincial Park verfügt über 90 Stellplätze.

Öffnungszeiten: Der Campground des Parks ist vom 15. Mai bis zum 30. September geöffnet. Außerhalb der Saison können die Stellplätze des High-Density-Bereichs genutzt werden. Sie sind allerdings in dem Zeitraum ohne Service.

Aktivitäten: Beim Park Ranger können Kanus ausgeliehen werden.

Website: *bcparks.ca/explore/parkpgs/birkenhead_lk*

6. Highway 1

Der Highway von Hope nach Cache Creek ist eng mit den First Nations British Columbias und dem Goldrausch des 19. Jahrhunderts verbunden. Hier, wo sich der Fraser River vor Millionen Jahren seinen Weg zwischen den Coast- und Cascade Mountains durch die Schlucht bahnte, hatten die First Nations schon seit 10.000 Jahren ihre Heimat. Sie nutzten den Fluss und Canyon als Handelsweg vom Landesinneren an die Küste. Ihnen folgten die Pelzhändler der Hudson's Bay Company, bevor sich Mitte des 19. Jahrhunderts die Nachricht von den Goldfunden bei Yale am Fraser River in Windeseile herumsprach.

Wer Vancouver nach Osten verlässt, durchfährt über den Highway 1 oder den Highway 7 das Lower Mainland. Geprägt von Landwirtschaft, Gemüseanbau und Blumenfelder entsprechen die ersten Kilometer der Reise durch British Columbia so gar nicht den Vorstellungen von Wildnis, Wäldern und Abenteuer. Mit Langley, Abbotsford und Chilliwack schließt sich eine Stadt quasi nahtlos an die andere an. Auf dem Highway 1 nach Hope herrscht täglich dichter Verkehr, der zur Rushhour am Morgen und späteren Nachmittag in Richtung Vancouver auch stockend sein kann.

Fraser River bei Yale

Weiter auf dem Highway 1 nach Norden unterwegs, erreichen Reisende die Siedlung Yale. Während heute rund 150 Bewohner hier gemeldet sind, war Yale einst die größte Stadt nördlich von San Francisco und westlich von Chicago. 1848 als Handelsposten der Hudson's Bay gegründet, erreichte sie während des Goldrausches 1858 eine Bevölkerungszahl von 30.000 Einwohnern.

Die Goldsucher kamen meist per Schiff über den Fraser River hierher. Ihr Ziel war die weiter im Norden liegende Cariboo Region, wo man Anfang der 1860er-Jahre große Goldvorkommen entdeckt hatte. Ab Yale mussten sie den Landweg wählen, weil das tosende Wasser im Fraser Canyon eine Weiterfahrt auf dem Fluss unmöglich machte.

Ein Zwischenstopp lohnt am örtlichen Museum, der Yale Historic Site. Im Creighton House, einem Privathaus aus den 1870er-Jahren, sind Gegenstände und Sammlungen aus Yales Vergangenheit ausgestellt. Die im Jahr 1863 erbaute Kirche St. John the Divine ist eine der ältesten in BC, mit originalen Altargemälden.

St. John the Divine Kirche in Yale

Unterhalb der Kirche, über der Bahnstrecke, verläuft der Fraser River. Über kleine Pfade gelangt man zu seinem Ufer. Noch heute lassen sich hier moderne Goldsucher antreffen, die mit ihren Pfannen Ufersand auswaschen, auf der Suche nach Nuggets.

Nur 31 Kilometer weiter auf dem Highway 1 erwartet Rei-

Historische Landkarte des Fraser Valley

sende der tiefste, gefährlichste und schnellste Abschnitt des Fraser River. Hier ragen steile Felswände tausend Meter empor, und der brodelnde Fluss zwängt sich durch die schmale Schlucht. Simon Fraser, der als erster Europäer diese Region erforschte, beschrieb die Schlucht als „Höllentor“, nachdem er und seine Männer sich 1808 auf von den indigenen Führern angefertigten Strickleitern nur zentimeterweise an den Klippen voran bewegen konnte.

Wer an diesem, in nahezu allen Reiseführern als „must see“ beschriebenen „Hell's Gate“ einen Blick auf den Fluss werfen will, ist allerdings gezwungen mit der für Touristen betriebene Seilbahn, gegen entsprechendes Entgelt, hinab zu fahren. Die rauschenden Stromschnellen sind zwar vom Parkplatz des Highways aus zu hören, aber dichter Strauch- und Baumbewuchs verhindern den Blick auf den Fraser River.

Gemütlicher und kostenfrei zu realisieren ist ein Stopp mit Picknick und kleinem Spaziergang zum Fluss zehn Kilometer zuvor, im Alexandra Bridge Provincial Park. Ein Weg führt hinab zur ältesten Brücke über den Fraser River. Die zunächst als Holzbrücke konstruierte Alexandra Bridge war Teil der Cariboo Wagon Road, des „Gold Rush Trails“ nach Norden. Von der heutigen Stahlbrücke mit ihren drei steinernen Torbögen kann man mit etwas Glück First Nations People beim Fangen von Lachsen zusehen.

Eisenbahnlinie entlang des Fraser River

INFO

Aktivitäten: Einer der erfahrenen Goldsucher aus Yale bietet auch Touristen die Möglichkeit, sich in der Suche nach dem begehrten Metall zu probieren. Er bietet entsprechende Tageskurse an oder zeigt auch stundenweise, welche Bewegungen man mit der Pfanne ausführen muss, um die kleinen Goldkörner aus dem Sand und Kies heraus zu waschen; *historicyale.ca/gold-panning*

Hinweise:

- Vor allem für Wohnmobilreisende wird Chilliwack aus unterschiedlichen Gründen zu einer Anlaufstation. Hier befindet sich unweit der Ausfahrt Nr. 116, der Lickman Road, im Luckakuck Way, das Visitor Centre.
- Nicht weit vom Visitor Centre entfernt, in der Vedder Road, können im dortigen Einkaufszentrum die Ersteinkäufe für die Reise erledigt werden. Neben den Supermärkten für Lebensmittel und Campingausstattung findet sich hier auch der Liquor Store.
- Und für alle diejenigen, die mit ihrem Wohnmobil über Chilliwack nach Vancouver zurückkehren, steht südlich des Visitor Centre, auf dem Gelände des Heritage Parks, eine Sani Dump Station zur Verfügung. Hier kann man die Wassertanks des Wohnmobils vor der Rückgabe des Fahrzeuges in Vancouver entleeren.

7. CHILLIWACK LAKE PROVINCIAL PARK

Wohnmobilreisende, die erstmals in British Columbia unterwegs sind, lassen einen wunderschönen, naturnahen Ort meist links liegen, den Chilliwack Lake Provincial Park. Während sich der bekannte Cultus Lake Park im Süden der Stadt, ausgestattet mit Bootsverleih, Restaurants und Wasserpark, großen Zuspruchs erfreut, ist der Chilliwack Lake Provincial Park eher für die Einwohner Vancouvers und des Lower Mainland ein Ausflugsziel.

Chilliwack Lake im gleichnamigen Provincial Park

Ein Grund dafür ist sicher seine Lage, rund 50 Kilometer von Chilliwack entfernt, am Ende einer Stichstraße, versteckt zwischen den Gebirgszügen der North Cascades, an der Grenze zum US-Bundesstaat Washington.

Umso attraktiver ist der Park für alle diejenigen, die etwas abseits vom Trubel der Stadt die Natur genießen wollen. Das gilt für Outdoor-Liebhaber ebenso wie für Familien, die mit ihren Kindern den Park besuchen. Dabei kann der Park nicht nur mit dem Blick über den See auf die schneebedeckten Berge der Coast Mountains werben, sondern er verfügt auch über Stellplatzkapazitäten, die aufgrund seiner Nähe zu Vancouver als letzte Station vor der Rückgabe des Wohnmobils genutzt werden können.

Ausgangspunkt zum Radium Lake Trail

Die Straße von der Stadt Chilliwack aus zum Chilliwack Lake Provincial Park verläuft entlang des Vedder River bzw. Chilliwack River. Der Fluss ist ein Angelparadies insbesondere für diejenigen, die gerne nach Lachsen angeln wollen, aber auch Ausflugsziel für Wildwasserkanuten. Dementsprechend ist die Infrastruktur der Gegend auf Angler und Tagesbesucher ausgerichtet.

Für Reisende im Wohnmobil ist das von Vorteil. Entlang des Chilliwack River sind zahlreiche Recreation Sites angelegt. Darüber hinaus finden sich überall Gelegenheiten, das Wohnmobil in einer Bucht am Straßenrand abzustellen und eine Nacht hier zu verbringen. Gewiss, nicht unbedingt ein Stellplatz erster Wahl, aber gerade dann, wenn alle anderen Campingplätze in der Umgebung ausgelastet sind, lässt sich hier mit Glück noch etwas finden. Es gibt sogar ganz offizielle Plätze für „wildes Campen", zum Beispiel an Einfahrten in den Wald. Dort hängen an Bäumen Hinweise, wie der Stellplatz zu benutzen ist und dass er sauber verlassen werden muss.

An den Stellen, an denen „wildes Campen" explizit nicht erlaubt ist, sind ebenfalls entsprechende Hinweisschilder angebracht.

Meist wird der Park zum Wochenende voll belegt, sodass es sich empfiehlt, bei dem „On the Way Store", rund fünf Kilometer hinter dem Abzweig der Chilliwack Lake Road von der Vedder Road, auf die Hinweistafel „full/vacancies" zu achten.

Je weiter man sich dem Ende des Chilliwack River Valley nähert, umso ruhiger wird es. Nur noch wenige Fahrzeuge sind unterwegs. Am Eingang des Parks stehen auch hier die überdachten Stellwände mit dem Lage- und Umgebungsplan sowie einer Landkarte mit den Wandermöglichkeiten des Parks.

Der Blick auf den See ist vor allem in den frühen Morgenstunden ein Genuss. Kein Windhauch kräuselt das Wasser, sodass sich die schneebedeckten Berge darin spiegeln. Am Nachmittag zeigt der See ein anderes Gesicht. Aufkommende Winde wühlen das Wasser auf und treiben Wellen auf sein nördliches Ufer zu. Wer mit dem Boot unterwegs ist, muss sich auf schnell ändernde Wind- und Wetterverhältnisse einstellen.

Der Park bietet zahlreiche Wandermöglichkeiten. Die Wanderung in die subalpine und alpine Bergwelt, wie zum Beispiel zum Lindemann und Greendrop Lake, ist auch für weniger geübte Wanderer machbar.

Campground des Provincial Park

Entlang der nördlichen Uferseite verläuft ein Wanderweg, der in den aus Westen kommenden Trans Canada Trail einmündet. Die auf der Ostseite des Sees verlaufende Chilliwack Lake Forest Service Road verbindet die Forstsetzung des Trans Canada Trails nach Osten hin.

Gerade für Rückreisende nach Vancouver bietet sich der Chilliwack Lake Provincial Park vor Abgabe des Wohnmobils als letzte Übernachtungsstation an. Das Abwasser des Fahrzeugs kann hier entsorgt werden und über den Highway 1 beträgt die Entfernung nach Vancouver nur 150 Kilometer. Man muss allerdings berücksichtigen, dass der morgendliche Berufsverkehr zu Stau und entsprechender Verzögerung führen kann.

INFO

Lage: Der Chilliwack Lake Provincial Park liegt 50 Kilometer südöstlich von Chilliwack im Chilliwack River Valley, nördlich zur Grenze des US-Bundesstaates Washington.

Anfahrt: Über die Vedder Road gelangt man bis zum Chilliwack River. Hier biegt man links ab auf die Chilliwack Lake Road. Diese führt bis zum Parkeingang.

Unterkünfte: Der Campground des Provincial Parks verfügt über 146 Stellplätze. Sie sind eingeteilt in vier Abschnitte mit der Bezeichnung „Lindemann", „Greendrop", „Paleface" und „Radium". 20 der Stellplätze sind für Doppelbelegungen vorgesehen. Ein Teil der Plätze kann vorab reserviert werden, die anderen funktionieren auf der Basis „first come, first serve". Am Eingang des Parks gibt es eine Sani Dump Station und gleich nebenan wird vom Parkranger Feuerholz zum Kauf angeboten.

Öffnungszeiten: Der Campground ist grundsätzlich von Ende April bis Mitte Oktober geöffnet. Abhängig von Schnee und anderen Wetterbedingungen können sich die Öffnungszeiten ändern.

Website: *bcparks.ca/explore/parkpgs/chilliwack_lk*

8. Nahatlatch Provincial Park

Es lohnt sich früh aufgestanden zu sein. Die Sonne taucht zunächst die Spitzen der Berge in noch rötliches Licht, und um die Bäume und Sträucher bildet sich ein Lichterkranz. Von Minute zu Minute wechselt das Licht und erzeugt ein Farbenspiel der besonderen Art. An der Westseite des Sees werfen die Berge ihre Schatten auf die gegenüberliegende Uferseite. Mit fortschreitender Uhrzeit wird der zunächst rötliche Saum der Berggipfel immer heller und leuchtender. Und wenn die Sonne ihre Strahlen über den gesamten See sendet, kann der Tag beginnen.

Das langgezogene Tal des Nahatlatch River und der von ihm verbundenen Seen ist vor allem für Wildwasserkanuten und Angler aus der Umgebung ein attraktives Ziel. Und auch für Reisende in die Cariboo Chilcotin Coast Region bietet der Park mehr als einen Stellplatz für eine Nacht.

Die Nahatlatch Seenkette ist ein Anglerparadies

Die Straße zum Park zweigt in Boston Bar vom Highway 1 ab. Das Städtchen kam in der Zeit des 1860er-Goldrausches zu seinem Namen. „Bar" meint im Englischen eine goldhaltige Sandbank oder ein sandiges Flussufer. Und da sich an der flussabwärts liegenden Sandbank eine großen Zahl von Goldsuchern aus dem US-amerikanischen Boston niedergelassen hatten, nannten die First Nations die Ankömmlinge „Männer aus Boston".

Nahatlatch Lake im gleichnamigen Provincial Park

Nachdem man die Brücke über den Fraser River und den anschließenden Bahnübergang überquert hat, zweigt die Straße nach rechts ab. Schon nach wenigen Kilometern erreicht man die kleine Gemeinde North Bend. Von hier aus führt die Chaumox Road vorbei an einzelnen Häusern und Ranches bis zur gleichnamigen Gemeinde. Ab hier ist die Straße nicht mehr asphaltiert.

Nach 17 Kilometern auf der Nahatlatch Forest Service Road erreicht man mit Apocynum die erste der vier Recreation Sites vor dem Provincial Park. Dieser Campground ist für Gruppen vorgesehen, kann aber auch von Wohnmobilreisenden genutzt werden. Hier bringen die Wildwasserkanuten ihre Boote zum Fluss, und über zahlreiche Stromschnellen der Klassen 3 und 4 paddeln sie in Richtung Fraser River. Hier befindet sich auch der kommerzielle Anbieter Reo Rafting, der das „beste Rafting in BC" verspricht.

Es folgen drei weitere Recreation Sites – Fir Flat, Nahatlatch River und Log Creek –, bevor das braune Holzschild der Parkverwaltung bei Kilometer 26,9 darauf hinweist, dass man sich am Frances Lake Campground im Nahatlatch Provincial Park befindet. Der zweite See entlang des Tales ist der Hannah Lake. Hier, wie auch am darauf

Nahatlatch Provincial Park

folgenden Nahatlatch Lake, befinden sich alle Campgrounds auf der linken Straßenseite, umgeben von Bäumen und am jeweiligen Seeufer gelegen. Die Zufahrt zu den Stellplätzen am Wasser ist schmal, und die Straße selbst weist Schlaglöcher und Spurrillen auf. Für Wohnmobile, größer als 22ft, bleibt die Fahrt auf der Nahatlatch Forest Service Road eine Herausforderung. Einfacher lassen sich Truck Camper hier bewegen, die über mehr Bodenfreiheit verfügen.

Bei den Stellplätzen des Parks handelt es sich um die typischen, naturverbundenen Campgrounds der Provincial Parks in British Columbia. Tisch, Bänke und Feuerstelle und ein Toilettenhäuschen bieten ausreichenden Service. Das Besondere an diesem Park ist weniger dessen Ausstattung als vielmehr der überwältigende Blick auf den See und die ihn umgebenden Berge sowie die absolute Stille, die Besucher umgibt.

Am Wochenende ist der Nahatlatch Provincial Park Ausflugsziel für Outdoor-Liebhaber aus Vancouver und Umgebung. An verlängerten Wochenenden reisen sogar Besucher aus Seattle an, um eine Wildwasser-Rafting-Tour auf dem Nahatlach River zu unternehmen.

Für alle, die mit einem 4x4-Fahrzeug unterwegs sind und die auch 40 Kilometer rauer Gravel Road nicht abschrecken, lädt bei Kilometer 38 ein vier Kilometer langer Weg zum Besuch der Mehatl Creek Falls ein. Wenige Kilometer weiter, auf der mit Schlaglöchern übersäten Straße, erreicht man den Trailhead zu den Grizzly Falls. Vor allem im späten Frühjahr, wenn sie vom Schmelzwasser gespeist werden, sind sie von beeindruckender Schönheit.

INFO

Lage: Der Nahatlatch Provincial Park liegt 26 Kilometer nordwestlich von Boston Bar, am Nahatlatch River, umgeben von zahlreichen Zweitausendern.

Anfahrt: Bei Boston Bar zweigt die Straße nach Westen ab, überquert den Fraser River und verläuft über die Chaumox Road nach Norden. Mit der Überquerung des Nahatlatch River wird die Straße zur Nahatlatch Road und führt bis zum Provincial Park.

Unterkünfte:

- REO Rafting Resort: bietet die Möglichkeit zum Glamping, bei Wunsch verbunden mit Yoga, Rafting oder anderen Outdoor-Abenteuern; an der Zufahrtsstraße zum Nahatlatch Provincial Park; *reorafting.com*
- Für Wohnmobilreisende gibt es mehrere Recreation Sites. Apocynum mit 16 Stellplätzen, Fir Flat mit fünf Stellplätzen, Nahatlatch River mit sechs Stellplätzen. Aufgrund schlechter Straßenverhältnisse wird ein 4x4-Fahrzeug mit hoher Bodenfreiheit benötigt, um zu diesem Stellplatz zu gelangen. Die Log Creek Recreation Site verfügt über fünf Stellplätze. Bei allen Recreation Sites wird eine Gebühr von 15 CAD pro Nacht erhoben.

Öffnungszeiten: Sowohl der Park als auch die Recreation Sites sind ganzjährig geöffnet, abhängig von den Wetterverhältnissen.

Websites:

- *bcparks.ca/explore/parkpgs/nahatlatch*
- *sitesandtrailsbc.ca*

Hinweis: Die Straße zum Provincial Park wird für Holzfällerarbeiten genutzt. Dementsprechend verkehren hier die Logging Trucks. Oft ist die Straße rau und mit Schlaglöchern versehen. Für große Wohnmobile ist der Park daher nicht geeignet.

Cariboo: entlang des Gold Rush Trail

Horsefly River entlang der Black Creek Road

Cariboo: entlang des Gold rush Trail

Lac La
Hache
Forest
Grove
100 Mile
House
11
12
Dog Creek
Gang
Ranch
13
24
97
Canoe Creek
Indian Reserve 2
North
Bonap
Graham
13
12
Jesmond
Big Bar
Creek
11
10
Loon Lake
Clinton
Fraser River
Moha
Glen
Fraser
Cache
Creek
Bridge
River
99
97
1
Walhachin
10
9
Lillooe
1

9. LILLOOET: AM PUNKT 0

In engen Serpentinen führt die Duffey Lake Road, wie der Teilabschnitt des Sea-to-Sky Highway hier heißt, aus dem Küstengebirge hinab ins Tal des Fraser River. Wer hier mit dem Wohnmobil oder Truck Camper unterwegs ist, muss die Motorbremse einsetzen, um ein Überhitzen der Bremsbeläge zu vermeiden.

Der Seton Lake bei Lillooet dient der Energiegewinnung

Die Landschaft verändert sich. Das saftige Grün der Wälder weicht einem kargen, von trockenem Klima geprägten Landschaftsbild. Lillooet, die Stadt an der Einmündung des Seton River in den Fraser River, liegt im Regenschatten des Küstengebirges und schmückt sich damit, mit Lytton und Osoyoos zu den Orten mit den höchsten Sommertemperaturen in British Columbia zu gehören. Der Abstecher nach Lillooet lohnt, insbesondere dann, wenn man sich ein wenig mit der Geschichte der Region und damit der Zeit des Goldrausches am Fraser River und in der Cariboo Region befassen möchte.

Das Visitor Centre mit kleinem Museum befindet sich an der Hauptstraße, am Standort der ehemaligen anglikanischen Kirche St. Mary the Virgin. Das Kirchengebäude wurde 1960 abgerissen und das Visitor Centre an der gleichen Stelle aufgebaut. Das Holz der damaligen Kirche hatten Minenarbeiter auf ihrem Rücken und mithilfe von Maultieren über den Harrisson-Lillooet-Pfad entlang des Lillooet River nach Norden gebracht. Die Bretter waren nummeriert und konnten so in Lillooet gleich wieder zusammengesetzt werden. Die Kanzel der alten Kirche wurde in der neuen Kirche St. Mary verbaut, während die Glocke im Museum ausgestellt ist.

Die freundlichen Angestellten des Visitor Centre wissen zu erzählen, dass die Türen der damaligen Kirche über all die Jahre hin nicht verschlossen wurde. Und das, obwohl sie von einer wohlhabenden Engländerin mit Silberschmuck und Utensilien für den Gottesdienst ausgestattet war. Man erzähle sich, dass Bergleute und andere Reisende in der Kirche schliefen, wenn sie anderswo keinen Platz fanden, und Essen kochten auf dem Ofen, der das Gebäude beheizte.

Gegenüber dem Visitor Centre steht eine kleine Steinpyramide mit der Tafel „Mile 0". Darauf wird erläutert, dass es sich dabei um einen Grenzstein handelt, der den Beginn der Cariboo Wagon Road markierte. Von hier aus wurde die Entfernung der Raststationen für die Pferde, Planwagen und Kutschen während der Zeit der Besiedlung der Provinz gemessen. Die Namen der Orte wie 20 Mile House, 70 Mile House oder 100 Mile House haben hier ihren Ursprung.

Gleich daneben befindet sich die Abundance Artisan Bakery. Ihr reichhaltiges und schmackhaftes Ange-

Abundance Artisan Bakery in LIllooet

Die Old Bridge über den Fraser River

bot ist erwähnenswert, weil es eine Alternative bietet zu den in den Supermärkten angebotenen Backwaren. Croissants, Sandwiches und Pizza, aber auch Zimtschnecken und Kuchen, auch glutenfrei, werden mit lokalen und frischen Produkten hergestellt. Ein kleines Bistrocafé mit ansprechendem Flair wird von Jung und Alt genutzt, um die Tageszeitung zu lesen, miteinander ins Gespräch zu kommen oder an der Hausarbeit für das Studium zu schreiben.

Wer sich für die Gebräuche der First Nations interessiert, kann in Lillooet an den „Xwisten Experience Tours" teilnehmen. Mitglieder der Bridge River Band zeigen bei einer Wanderung entlang des Ufers des Xwisten (Bridge River) die traditionelle Methode des Lachsfangs der St'át'imc First Nations. Es wird gezeigt, wie der Lachs gefangen, geschnitten und durch den Wind getrocknet wird. Zum Abschluss der Tour reichen die First Nations gegrillten Lachs mit dem aus Wasser und Mehl einfach zubereiteten Bannock.

Ein eindrucksvolles Fotomotiv bildet die alte Hängebrücke über den Fraser River am nördlichen Ende der Stadt. Sie wurde 1913 gebaut und ersetzte eine Fähre, die durch die Strömung des Flusses angetrieben wurde. Rund um die Brücke liegt das traditionelle Lachsfanggebiet der First Nations.

INFO

Lage: Lillooet liegt am Fraser River, in einer der trockensten und wärmsten Gegenden British Columbias.

Unterkunft:

- Seton Dam Recreation Site: unter Verwaltung des Energieversorgers BC Hydro, 45 kostenfreie Stellplätze. Alle werden nach dem Prinzip „first come, first serve" belegt. Für das Feuerholz muss eine Gebühr bezahlt werden; *bchydro.com/community/recreation_areas/bridge_river/seton_reservoir_area.html*

Öffnungszeiten: Der Campground ist vom 1. Mai an geöffnet und schließt am Thanksgiving Montag Mitte Oktober.

Website: *illooetbc.ca*

10. Mile by Mile: von Lillooet bis Clinton

Aus Norden kommen unaufhörlich Wohnmobile gefahren. Einige in Reisebusgröße mit einem Pkw im Schlepp, der größer ist als manch Familienfahrzeug in Deutschland. Unter den Reisenden sind viele US-Amerikaner, die den Sommer in Alaska verbracht haben und vor dem Herbst und Winter in den sonnigeren Süden aufbrechen. Sie fahren auf historischem Grund, dem Gold Rush Trail, auf dem sich Ende des 19. Jahrhunderts Goldsucher in Planwagen nach Norden bewegten. Heute ist der Highway 97 gut ausgebaut.

Trockene Landschaft bei Lillooet

Von Lillooet aus verläuft der Sea-to-Sky Highway 99 bis Pavilion entlang des Fraser River. Das trockene Klima prägt die karge Landschaft.

Vorbei am Pavilion Lake, durchquert die Straße den Marble Canyon Provincial Park. Eingebettet in die rauen Berghänge der Pavilion Mountain Range, bietet er 30 nicht reservierbare Stellplätze für Wohnmobile und Zelte. Noch wenig bekannt sind die Wander- und Klettermöglichkeiten des Parks. Aus diesem Grunde wird die Gegend auch das „Aschenputtel der Bergwelt" genannt.

Campground im Marble Canyon Provincial Park

Nach weiteren 27 Kilometern stößt der Highway 99, nahe der Stadt Cache Creek, auf den nach Norden führenden Highway 97, der ab hier auch die Bezeichnung „Gold Rush Trail" trägt.

Eingang zur Historic Hat Creek Ranch

An der Kreuzung der beiden Straßen findet sich eines der größten noch bestehenden „Roadhouses", die Hat Creek Ranch. Wer an dieser historische Stätte einen Halt einlegt, kann eintauchen in die Vergangenheit der Cariboo Region. Rundgänge auf einem originalen Stück des Gold Rush Trails, Postkutschenfahrten oder der Besuch des First-Nation-Dorfes, in dem Angehörige der Shuswap Nation gerne von ihrer Kultur und ihrer Geschichte berichten, bieten auch Familien mit Kindern eine Gelegenheit zum Zwischenstopp oder gar zu einer Übernachtung in einer der Cabins oder auf einem der dortigen Wohnmobilstellplätze.

Historic Hat Creek Ranch

Wenige Kilometer weiter durchfährt man 20 Mile House. Hier zweigt eine kleine, kurvenreiche und schmale Straße zum Loon Lake

Kirche an der Ortsdurchfahrt von Clinton

ab, an dem mehrere Resorts und Stellplätze für Wohnmobile Angler und Erholungssuchende erwarten.

Weiter auf dem Highway 97 verbleibend, gelangt man in das kleine Städtchen Clinton. Seine Häuserfassaden erinnern an seine Goldrausch- und Pioniervergangenheit. Das 1892 erbaute Schulhaus der Gemeinde ist heute ein Museum, in dem Gegenstände und ein Archiv mit Dokumenten aus dieser abenteuerlichen Zeit ausgestellt werden.

Hochebene entlang der Pavilion Clinton Road

INFO

Aktivitäten:

- Die Landkarte der Region zeigt eine 40 Kilometer lange Querverbindung und damit eine Abkürzung zwischen Pavilion und Clinton. Wer die Straßen in Kanada kennt, der weiß, dass eine Straße abseits des Highways nicht zwangsläufig dazu führen muss, dass man eine Strecke schneller zurücklegt. So ist das auch hier. Zunächst gelangt man ab Pavilion über die Pavilion-Clinton Road hinauf auf eine Hochebene. Die Straße führt vorbei an Ranches und durch Weideland. Mit Beginn des Waldes aber wird die Straße schmaler und rauer. Ausgewaschene Spurrillen erfordern die ganze Aufmerksamkeit und lenken ab von der durchaus vorhandenen landschaftlichen Schönheit. 16 Kilometer zieht sich die Straße in Serpentinen durch die zur Marble Range gehörenden Pavilion Mountains. Zwischen den Bäumen sind versteckte Seen erkennbar, und wenn sich größere Lücken zwischen den Bäumen zeigen, kann man einen Blick auf den Fraser River werfen. Nach einer weiteren halben Stunde Fahrt kündigen die ersten Hinweisschilder den Downing Provincial Park an. Hier endet die Gravel Road.
- Der kleine Downing Provincial Park beherbergt den Kelly Lake, der mit seinem Sandstrand im Sommer zum Baden einlädt. 2015 wurden 14 Stellplätze für Wohnmobile neu angelegt. Sie werden vor allem von den Bewohnern Clintons und der Umgebung genutzt, die den 18 Kilometer entfernten Park über eine asphaltierte Straße erreichen. So bietet sich der Kelly Lake aber auch all denjenigen Reisenden an, die einen gemütlichen Stopp für ein Picknick abseits des Highway 97 einlegen möchten.

Restaurant:

- Cordial Restaurant: bietet mit seiner typisch kanadisch, deftigen Küche Gelegenheit für eine Rast auf der Fahrt in Richtung Norden; gegenüber der Tankstelle an der Ecke Highway 97/Smith Avenue; *facebook.com/CordialRestaurant*

11. Mile by Mile: von Clinton bis 100 Mile House

„Wenn wir in die Stadt fahren, machen wir gerne am ‚kleinen Grand Canyon' Halt. Es ist eine beeindruckende Landschaft, die man dort gar nicht vermutet", erzählt eine deutschstämmige Gastgeberin eines B&B gerne ihren Gästen. Diese teilen nach einem Besuch dort gerne ihre Begeisterung.

Nach dem Abzweig zur Dog Creek Road kündigen Hinweisschilder den Chasm Provincial Park an. Über eine kleine Zufahrtsstraße erreicht man nach fünf Kilometern einen Parkplatz, ausgestattet mit Tischen und Bänken und einem Toilettenhäuschen. Von hier aus sind es nur wenige Meter bis zum Aussichtspunkt über den Canyon.

Der Canyon im Chasm Provincial Park

Gut erkennbar sind die verschiedenfarbigen Gesteinsschichten. Sie wurden von Lavaströmen gebildet und durch Erosion im Laufe von Millionen Jahren freigelegt. Am Ende der letzten Eiszeit, vor 10.000 Jahren, grub das Wasser der schmelzenden Gletscher den acht Kilometer langen, 600 Meter breiten und 300 Meter tiefen Canyon. Kleine Wege und Pfade führen zu steilen Felsvorsprüngen und Aussichtspunkten auf den Canyon.

Zurück und weiter auf dem Highway 97 nach Norden, gelangt man in das Städtchen 70 Mile House. Hier zweigt die Green Lake Road nach Osten ab in eines der beliebtesten Wassersportgebiete der Cariboo Region, zum Green Lake und Watch Lake.

Die nächste Ansiedlung am Highway ist 93 Mile House. Für diejenigen, die auf einer Rundreise durch den Westen Kanadas unterwegs sind, zweigt hier der Highway 24, der „Fishing Highway" nach Little Fort und Clearwater ab, dem Eingangstor zum Wells Gray Provincial Park.

Wer wenige Kilometer weiter am Visitor Centre in 100 Mile House stoppt, dem fällt sofort das „längste Paar Langlaufskier der Welt" auf, das neben der Eingangstür des Tourismusbüros aufgestellt ist. Sie machen auf einen aktiven Skilanglaufverein und eines der größten gepflegten Langlaufloipennetze in Kanada rund um das Städtchen aufmerksam. Wintersport in allen Facetten, vom Schneeschuhwandern, Snowmobil- und Hundeschlitten fahren bis Langlauf, gehört zu dem Angebot für alle, die sich auch im Winter draußen bewegen wollen.

Im Frühjahr und Sommer bieten die Langlaufloipen und andere Wege Möglichkeiten für kilometerweite Wanderungen, Ausritte oder Touren mit dem Mountainbike. Unzählige Seen locken Angler, Schwimmer und Kanuten in die Umgebung.

Durchreisende hingegen nutzen meist die Versorgungseinrichtungen der Stadt. Wer sich aber die Zeit für einen Bummel durch die Innenstadt nimmt, der findet gemütliche Cafés und Restaurants und zahlreiche Fotomotive aus der Zeit des „Wilden Westens".

Zwischen 100 Mile House und 105 Mile House besteht die Möglichkeit vom Highway 97 abzuzweigen, zum Besuch einer der größten Seen der Cariboo Region, dem Canim Lake. An der Westseite des Wells Gray Park gelegen, eingebettet in Douglasienwälder und saftige Wiesen, ist er Ausflugsziel für Angler und Wassersportler.

In der 108 Mile House Heritage Site hält eine Sammlung historischer Bauten, darunter auch das 105 Mile Roadhouse, das Telegrafenamt, eine Kirche, eine Trapperhütte, ein Schulhaus sowie Werkzeuge und Geräte aus der Zeit der Besiedlung der Region, die Erinnerung an längst vergangene Zeiten wach. Das Freilichtmuseum in der parallel zum Highway verlaufenden Straße Cariboo Drive, am 108 Mile Lake, ist von Mittwoch bis Sonntag geöffnet.

Ein weiteres Gebäude aus der Zeit des Goldrausches ist das Little Red School House in 150 Mile House. Es handelt sich dabei um das älteste funktionstüchtige Schulgebäude in der Cariboo Chilcotin

Cariboo Highway 97 nach Norden

Coast Region. Die Schule wurde 1896 erbaut und besteht aus einem Raum. Sie ist während der Sommermonate für Besucher geöffnet.

INFO

Lage: Der Chasm Provincial Park liegt 16 Kilometer nördlich von Clinton östlich des Highway 97.

Anfahrt: Die Anfahrt zum Park erfolgt zunächst über den Highway 97 bis zur ausgeschilderten Zufahrtsstraße. Nach fünf Kilometern wird der Parkplatz am Provincial Park erreicht.

Websites:

- Chasm Provincial Park: *bcparks.ca/explore/parkpgs/chasm*
- Visitor Centre 100 Mile House: *southcaribootourism.ca*
- Freilichtmuseum 108 Mile House: *historical.ca*

12. DOG CREEK ROAD

Was im Backroad Mapbook der Cariboo Chilcotin Coast Region rund um 100 Mile House aussieht wie ein großes Spinnennetz, ist ein weit verzweigtes System von Seitenstraßen durch das Fraser Valley und das Cariboo Plateau. Bei der Reiseplanung von Pferdeliebhabern durch Westkanada fallen die westlich des Fraser River gelegenen Ranches wie die Big Bar Guest Ranch, die Echo Valley Ranch oder die zweitgrößte Ranch Nordamerikas, die Gang Ranch, ins Auge.

Blick in das Fraser Valley

Die Dog Creek Road, die östlich des Fraser River durch das Cariboo Plateau und das Reservat der Canoe Creek Band führt, ist hingegen wenig besiedeltes Grasland, geprägt von Vulkangestein, durchzogen von Flusstälern, Seen und dichten Nadelwäldern. Sie bildet ab 70 Mile House, westlich des Highway 97, eine Alternativroute nach Williams Lake, passiert dabei den Alkali Lake und das Reservat der Esk'etemc First Nations. Gutes Kartenmaterial, ein GPS-Gerät und sichere Navigation sind unabdingbar, wenn man sich auf die Fahrt durch dieses Hinterland begibt.

Zunächst verlässt die Meadow Lake Road, wenige Kilometer vor dem Chasm Provincial Park, den Highway 97 nach Westen. An der Beaverdam Lake Recreation Site, einem Campground mit sieben einfachen Stellplätzen, biegt die Straße nach Norden ab und wird zur Dog Creek Road. Hier sind nur wenige Fahrzeuge unterwegs, entweder auf dem Weg zu einer der zahlreichen Ranches in der Gegend, oder es sind Bewohner der Gemeinde Dog Creek. Wohnmobilreisende können auf der Strecke nach Williams Lake einen Zwischenstopp einlegen. Die Brigham Springs Recreation Site bietet fünf einfache Stellplätze und Platz für eine kurze Rast.

Brigham Springs Recreation Site

Von hier aus bleibt man vorzugsweise auf der Upper Dog Creek Road, bis man die gleichnamige Siedlung erreicht. Völlig unerwartet tauchen – in der ansonsten menschenleer scheinenden Gegend – ein Lebensmittelladen und eine Kirche auf. Spätestens jetzt weiß man, dass man sich auf der richtigen der zahlreichen Gravel Roads bewegt.

Das letzte Teilstück der Strecke bietet fantastische Ausblicke auf den Fraser River und das Fraser Valley. Majestätisch schlängelt sich der Fluss durch das das Tal und der Blick reicht bis zum Horizont. Je nach Tageszeit und Wolkenformationen wird die Landschaft malerisch.

Amerikanischer weißer Pelikan am Alkali Lake

Mit Erreichen des Alkali Lake und der gleichnamigen Ansiedlung ist Williams Lake nicht mehr weit. Naturliebhaber können am Alkali Lake, als einem der wenigen Orte in Kanada, den Amerikanischen weißen Pelikan beobachten.

Die Region begleitet eine der bewegendsten Geschichten British Columbias. Seit 40 Jahren laden die Angehörigen der Esk'etemc First Nations Mitglieder der Anonymen Alkoholiker aus der ganzen Welt zu ihrem alljährlichen „Pow Wow Arbor Rodeo and Conference" ein, um inspirierende Geschichten auszutauschen. Denn Jahre zuvor hatte Alkoholsucht fast das Aussterben des Stammes bewirkt. In dem 1985 gedrehten Film „The Honour of All" wird erzählt, wie

Dorfzentrum der First Nation Siedlung am Alkali Lake

sich diese First-Nation-Gemeinde damals vor dem Untergang bewahren konnte, indem die Mitglieder Würde und Hoffnung förderten und dadurch ihr Leben wieder in den Griff bekamen. Der Film wird heute noch bei internationalen Filmfestspielen gezeigt.

Esket Tiny House am Alkali Lake

INFO

Unterkünfte:

- Die Brigham Springs Recreation Site verfügt über fünf einfache Stellplätze mit Tisch, Bänken und Feuerstelle. Sie ist kostenfrei nutzbar.
- Esket Tiny House: Die bewegliche Unterkunft ist gemütlich und anheimelnd ausgestattet und Bettina, aus der Schweiz stammend, versorgt die Gäste mit leckerem Frühstück. Robert und Bettina Johnson sind engagiert in der Gemeinde der Esk'etemc First Nations und können bei Interesse den Gästen mehr über die Kultur und Lebensweise der Ureinwohner Kanadas erzählen; in der Siedlung Alkali Lake gelegen; *eskettinyhouse.com*

Aktivitäten: Am Alkali Lake kann man den Amerikanischen weißen Pelikan beobachten.

Website: *sitesandtrailsbc.ca*

13. North Bonaparte Road: vom Sattel zum Paddel

Eine kleine, an idyllischen Seen vorbeiführende Straße ist die North Bonaparte Road. Sie zweigt bei 70 Mile House vom Highway 97 nach Osten ab und erreicht über die North Greenlake Road bei Lone Butte den Fishing Highway nach Little Fort. Ihr Reiz liegt weniger in der Abkürzung auf dem Weg in den Wells Gray Park, als vielmehr in der Gelegenheit zu einem ein- oder gar mehrtägigen Aufenthalt am Green Lake, mit 18 Kilometern Länge einem der größeren Seen in der Cariboo Region. Mit dem Slogan „Vom Sattel zum Paddel" wirbt die lokale Tourismusorganisation für einen familienfreundlichen Aufenthalt an einem der zahlreichen Seen in der Umgebung.

Ostküstenflair im Sugar Shack bei 70 Mile House

Bevor man aber den Highway 97 verlässt, lohnt es sich, zunächst noch 800 Meter weiter nach Norden zu fahren. An der Ecke zum Willow Drive erreicht man das Sugar Shack. Das kleine Restaurant, in dem Frühstück, Poutine und Maple Sirup angeboten wird, betreiben Kanadier aus Québec. Sie brachten die kulinarische Tradition der „Québecer Zuckerhütten" (Cabanes à Sucre) nach British Columbia.

Die Tradition besteht darin, im beginnenden Frühjahr, wenn die Ahornbäume aus dem Winterschlaf erwachen und die Ernte des Ahornsirups beginnt, sich gegen Abend zu einem gemeinsamen Essen zu versammeln. Die meist deftige Mahlzeit aus Eiern, gebackenen Bohnen, Schinken und Speck wird mit Ahornsirup verfeinert. Zu den damit verbundenen Aktivitäten gehören auch eine Pferdeschlittenfahrt im Wald und die Herstellung von „Toffee auf Schnee" (Tire sur la Neige). Dabei wird gekochter Ahornsirup in Schneelöcher gegossen, sodass er hart wird und als süßer Nachtisch verzehrt werden kann.

Original Maple Sirup aus Quebec

So gestärkt, kann man die Fahrt an den Green Lake fortsetzen. Er zählt, wie der sich anschließende Watch Lake, zu den beliebtesten Wassersportgebieten der Cariboo Region. Aus dem Ort, der einst zur Unterbringung der Straßenarbeiter der Cariboo Waggon Road gegründet wurde, ist heute ein Outdoor-Erholungsgebiet mit florierenden Guest Ranches geworden.

Im Sommer reicht die Palette der Outdoor-Aktivitäten von Reiten über Schwimmen, Wasserski, Kanu- oder Kajakfahren, Angeln bis hin zu Vogel- oder Wildbeobachtung. Hinzu kommt die Möglichkeit zum Golf spielen auf dem familiengeführten Tin Cup Greens Golf Course mit neun Spielbahnen. Der Platz befindet sich auf einem 13 Quadratkilometer großen Grundstück, mitten in Ranchland. Zu finden ist er an der North Bonaparte Road südlich des Green Lake.

Im Winter stehen Skilanglauf und Schneemobil fahren auf dem Programm. Für Reisende mit dem Wohnmobil bietet der Green Lake Provincial Park naturnahe, am See liegende Campgrounds.

Der Watch Lake schließt sich im Norden an den Green Lake an. Von hier aus hat man eine großartige Aussicht auf das hügelige Cariboo Gelände. Auf dem See herrscht für Motorboote eine Geschwindigkeitsbegrenzung von acht Kilometern pro Stunde. Daher wird der See gerne zum Baden und Angeln genutzt und ist insbesondere bei Familien sehr beliebt.

Rund um die Seen gibt es zahlreiche familienfreundliche Resorts, Cabins, Gästehäuser und Campingplätze. Dazu zählen unter anderem die Watch Lake Lodge und die Graham Dunden Guest Ranch und B&B.

Green Lake

INFO

Lage: Der Green Lake liegt südlich des Fishing Highway 24 und östlich des Highway 97. Im Norden des Sees schließt sich der kleinere Watch Lake an.

Aktivitäten:

- „Vom Sattel zum Paddel" lautet das Tourismusmotto der Region. Und in der Tat werden alle damit verbundenen Aktivitäten in diesem Seengebiet angeboten. Für Ausritte oder das Ausleihen von Kanus und Kajaks muss man sich an die Resorts und lokalen Anbieter wenden.
- Tin Cup Greens Golf Course: 9-Loch-Platz, North Bonaparte Road, südlich des Green Lake; *tincupgreens.wordpress.com*

Restaurant:

- Sugar Shak: Frühstück, Poutine und Maple Sirup; *sugarshackbc.ca*

Unterkünfte: Die Campgrounds sind während der Saison vom 15. Mai bis 30. September geöffnet. Außerhalb der Saison werden die Zugänge mit Schranken abgesperrt.

- Green Lake Provincial Park: naturnahe, am See liegende Campgrounds für Wohnmobile; *bcparks.ca/explore/parkpgs/green_lk*
- Die Arrowhead Site in der Mitte des Sees verfügt über 16, teils nah beieinander liegende Stellplätze, von denen nur einige für größere Wohnmobile geeignet sind.
- Emerald Bay Campground: 51 Stellplätze, am nordwestlichen Ende des Sees. Einige der Plätze sind so angelegt, dass man sie mit zwei Wohnmobileneinheiten nutzen kann.
- Sunset View Campground: 51 Stellplätze, gegenüber dem Emerald Bay Campground, auf der anderen Seeseite an der South Green Lake Road
- Graham Dunden Guest Ranch: unter deutschsprachiger Leitung, bietet Reitausflüge an; nordwestlich vom Green Lake, über die Graham Dunden Road zu erreichen; *grahamdundenranch.com*

Ghost Town Quesnel Forks bei Likely

Cariboo: das Zentrum

14. Fishing Highway 24
15. Hendrix Lake Road: Abenteuerroute in die Natur
16. Kayanara Guest Ranch
17. Wells Gray Provincial Park: Mahood Lake
18. Crooked Lake Resort
19. Ausflüge in der Umgebung des Crooked Lake
20. Williams Lake
21. Williams Lake Stampede
22. Xatsūll Heritage Village

Bellos
Moose Heights
Wells
Barkerville
Bowron Lake Provincial Park
Quesnel
Cariboo Mountains Provincial Park
Gravelle Ferry
Kersley
Narcosli Creek
Australian
Quesnel Forks
Alexandria
Hydraulic
Likely
Marguerite
22
Big Lake Ranch
McLeese Lake
Gibraltar
19
15
18
Soda Creek
Horsefly
Black Creek
Wells Gray Provincial Pa
Chilcotin Forest
Miocene
21
20
Williams Lake
97
Hendrix Lake
Enterprise
15
16
17
Mahood Falls
Forest Grove
100 Mile House
Clearwat
14
Deka Lake
Dog Creek
Gang Ranch
Roe Lake
Bridge Lake
14
North Bonaparte
Graham
70 Mile House
Darfield
Jesmond
5
Big Bar Creek
Chasm
Vidette
Barriere
Exlou
Loon Lake
Clinton
Criss Creek
Kelly Lake
Arden Park

14. FISHING HIGHWAY 24

Die Verbindungsstraße von 93 Mile House nach Little Fort, der Highway 24, trägt auch den Namen „Fishing Highway". Dieser Highway folgt streckenweise der Route der Pelzhändler der historischen Hudson's Bay Company und führt zu mehr als hundert Seen. Speziell auf Angler und Wassersportler ausgerichtete Resorts und Lodges bieten Zimmer, Cabins und Stellplätze für Wohnmobile.

Fishing Highway 24

Zunächst verläuft der Highway durch Wald und Ranchland und erreicht nach 13 Kilometern den kleinen, nach einem Vulkankegel benannte Ort Lone Butte. Schon hier kann man nach Norden zum Horse Lake oder nach Süden zum Watch Lake und Green Lake abbiegen, um dort ein paar Tage am See zu verbringen. Wenige Kilometer weiter Richtung Osten wird schon bald der Sheridan Lake angekündigt.

Zuvor aber erreicht man Interlakes Corner. An der Kreuzung des Highway 24 mit der zum Nordteil des Bridge Lakes führenden Straße, die Horse Lake Road, findet sich ein Versorgungspunkt für die Region mit einer Tankstelle, Supermarkt, einem Baumarkt, Outdoor-Laden und mehreren Restaurants.

Gleich danach sieht man die Einfahrt zum Loon Bay Resort. Drei Generationen einer aus der Schweiz stammenden Familie betreiben diese bei Anglern und Urlaubsreisenden sehr bekannte Unterkunft am Sheridan Lake. Die Cabins liegen direkt am See. Für Camper gibt es unterschiedlich ausgestattete Stellplätze, viele mit direktem Zugang zu den Bootsstegen. Wer es ruhiger liebt, kann mit dem Wohnmobil bis zu einer kleinen Landzunge fahren und dort einen ebenfalls direkt am Wasser liegenden Stellplatz reservieren.

Vor allem für Angler ist das Resort eine Anlaufstelle. Denn der Sheridan Lake ist für seine großen Forellen und das jährlich stattfindende Wettangeln bekannt. Neben dem natürlichen Fischnachwuchs werden dem See jährlich Fische zugesetzt. Und so hat schon mancher passionierte Angler einen großen Fisch an Land gezogen. Will man seine Angelkenntnisse ausweiten oder vertiefen, kann man sich in die Kunst des Angels oder gar des Fliegenfischens einführen lassen. Und wer im Winter unterwegs ist, dem zeigt man auch gerne Tricks und Kniffe beim Eisangeln auf dem See.

Loon Bay Resort mit Stellplätzen für Wohnmobile und Cabins

Darüber hinaus bietet das Resort die Möglichkeit zum Kanu- und Kajakfahren, Tret- und Ruderboote können ausgeliehen werden, genauso wie Motorboote für ausgiebige Touren über den 1,6 Hektar großen See. Und da sich in der Nähe des Resorts auch Pferderanches, wie beispielsweise die Wettstone Guest Ranch befinden, lassen sich Reitausflüge vom Resort aus problemlos organisieren.

Rundweg zu natürlichen Eishöhlen am Bridge Lake

Ein Spaziergang führt zu einer Besonderheit am Bridge Lake, zu natürlichen Eishöhlen. Vier Kilometer vor Bridge Lake befindet sich der Parkplatz und Ausgangspunkt zu dem Naturphänomen. Es handelt sich dabei um Felsspalten am Ufer des Sees, in denen das im Winter gebildete Eis das gesamte Jahr über erhalten blieb. Die First Nations und ersten europäischen Siedler nutzten diese natürlichen Kühlschränke zur Aufbewahrung von Nahrungsmitteln. Über einen als Fitnesspfad angelegten Rundweg kann man die Felsspalten besichtigen und dazwischen sportliche Übungen durchführen

INFO

Lage: Der Fishing Highway liegt im Herzen der Cariboo Region, zwischen der Stadt 93 Mile House und Little Fort, dem Städtchen südlich des Wells Gray Provincial Park. Es ist eine wenig befahrene Straße in einer von Wald und Ranchland geprägten Seenlandschaft.

Anfahrt: Reisende durch den Westen Kanadas wählen bei ihrer Fahrt in den Wells Gray Provincial Park aufgrund seines reizvollen Verlaufs oftmals den Highway 24.

Unterkünfte:

- Loon Bay Resort: Cabins für zwei bis sechs Personen sowie Stellplätze direkt am See; aufgrund der großen Beliebtheit des Resorts bei Anglern aus Kanada, den USA und Europa empfiehlt es sich, den Aufenthalt dort frühzeitig zu reservieren; *loonbayresort.com/de*
- Wettstone Guest Ranch: *wettstone-ranch.com*. Sie bietet die Möglichkeit zu Reitausflügen.
- Bridge Lake Provincial Park: vom 15. Mai bis 30. September geöffnet; 13 Stellplätze für Wohnmobilreisende; *bcparks.ca/explore/parkpgs/bridge_lk*

Aktivitäten: Besichtigung der natürlichen Eishöhlen am Bridge Lake. Weitere Rundwege, markiert mit farbigen Kunststoffbändern, führen entlang des Sees und zurück zum Parkplatz; *sitesandtrailsbc.ca/search/search-result.aspx?site=REC184097&type=Trail*.

Hinweis: Wer zum Mahood Lake Provincial Park fahren möchte, kann am Interlakes Corner über die Horse Lake Road nach Norden abzweigen, das Mooseheaven Resort passieren, vorbei am Drewry Lake und Hathaway Lake und über die nicht asphaltierte Mahood Lake Road bis zum dortigen Provincial Park fahren. Die Straße selbst nicht besonders reizvoll, verkürzt aber die Fahrstrecke entsprechend.

15. Hendrix Lake Road: Abenteuerroute in die Natur

Diejenigen, die bei 100 Mile House nach Osten auf die Canim-Hendrix Lake Road abbiegen, spüren die Änderung sofort. Kaum haben sie den Highway 97 verlassen, wird der Verkehr weniger, und mit jedem zurückgelegten Kilometer ändert sich das Landschaftsbild. Zunächst durchquert die Straße weite Wiesen und Felder, daneben weiden Pferde auf ihren Koppeln, umgeben von Stroh- und Heuballen. Doch zunehmend wird die Landschaft rauer, und dichte Nadelwälder säumen die Straße. Nach 35 Kilometern erreicht man den Abzweig zum südlichen Teil des Canim Lake und des Mahood Lake, einem Teil des Wells Gray Provincial Park.

Elch auf der Hendrix Lake Road

Weiter auf der Hendrix Lake Road zweigen immer wieder Zufahrtsstraßen zu Campingplätzen oder den wenigen Häusern am See ab. Bei Eagle Creek endet der asphaltierte Teil der Straße. Sie geht über in eine breite, meist gut gepflegte Gravel Road, die weit hineinreicht in die Cariboo Region und nach etwa hundert Kilometern in der Gemeinde Horsefly endet.

Auf den ersten Kilometern der Hendrix Lake Road weisen meist handgeschriebene Schilder auf kleine Seen, Ranches und Ausflugsziele hin. So auch 20 Kilometer nach Eagle Creek, am Abzweig der Spanish Creek Forest Service Road mit der Nummer 7000. Sie führt zu zwei Recreation Sites, der No Name Lake und der Pendleton Lake Recreation Site. Rund 600 Meter nach dem Verlassen der Hauptstraße biegt unmittelbar nach der Brücke über den

Hendrix Creek, ein schmaler Weg mit der Nummer 710 nach rechts ab. Nach weiteren 2,7 Kilometern erreicht man dann den Parkplatz am Startpunkt zu den Hendrix Creek Falls. Ein fünfminütiger Spaziergang endet an einer Aussichtsplattform gegenüber den 20 Meter in die Tiefe stürzenden Wasserfällen.

Mit jedem Kilometer auf der Hendrix Lake Road wird die Straße einsamer. Vorbei am Hendrix Lake, dem Namensgeber der Straße, durchquert sie die weiten Wälder der Cariboo Region. Der nächste mögliche Campground ist die rund 45 Kilometer nördlich von Eagle Creek wunderschön gelegene, mit Tisch, Bänken und Feuerstellen ausgestattete Bosk Lake North Recreation Site.

Von hier aus sind es noch 23 Kilometer bis zum Crooked Lake. Auf diesem letzten Teilstück wird die Straße schmaler, die Schlaglöcher und Spurrillen mehr. Das ändert sich wieder kurz vor dem Crooked

Bosk Lake Recreation Site

Lake. Mit dem Auftauchen des Sees erreicht man auch den ersten Campground am Südwestende des Sees, die Crooked Lake Recreation Site South mit drei Stellplätzen. Sie ist wunderschön gelegen und verfügt über einen Sandstrand, der flach in den See hinein verläuft. Damit bietet er auch kleineren Kindern die Möglichkeit am Wasser zu spielen. Allerdings macht er auch das Einparken von Wohnmobilen ein wenig schwerer. Es empfiehlt sich daher die Fahrzeuge unmittelbar nach der Einfahrt abzustellen.

Bosk Lake Recreation Site

Der Blick über den See und die ihn umgebenden, meist mit Schneefeldern bedeckten Berge, reicht bis zum Horizont. Man befindet sich mitten in der Wildnis Kanadas und spürt förmlich die Ruhe, die der See ausstrahlt.

Nach der Überquerung des McKusky River gabelt sich die Straße. Der Abzweig nach rechts führt zum zweiten Campground, der Crooked Lake Recreation Site North und dem Crooked Lake Resort. Nach links verläuft die Straße bis zum Abzweig nach Horsefly.

Crooked Lake Recreation Site South

INFO

Lage: Die Hendrix Lake Road verläuft parallel zur Westgrenze des Wells Gray Provincial Parks durch dichten Nadelwald, vorbei an versteckt liegenden Seen und erreicht nach 60 Kilometern den Crooked Lake.

Unterkünfte:

- Bosk Lake Recreation Site: verfügt über vier Stellplätze am See mit einem weitem Sandstrand. Aufgrund der einsamen Lage wird der Campground überwiegend von Anglern und in der Jagdsaison von Jägern genutzt.
- Crooked Lake Recreation Site South: drei Stellplätze und Sandstrand; am Südwestende des Crooked Lake
- Crooked Lake Recreation Site North: fünf Stelplätze, zwei davon geben den Blick auf eine Seitenbucht des Crooked Lake und den McKusky River frei; am Nordwestende des Sees liegend.
- Crooked Lake Resort: vorbei an einem Pferdegatter erreicht man, wenige Hundert Meter nach der Recreation Site, die Zufahrt zum Resort. Es bietet Stellplätze für Wohnmobile, die Übernachtung in Cabins und einem Blockhaus; *crookedlakeresorthorseflybc.com*

Website: *sitesandtrailsbc.ca*

Hinweis: Entlang der Hendrix Lake Road gibt es weder Mobilfunkverbindung noch Internet. Das nächste Telefon befindet sich im Crooked Lake Resort.

16. Kayanara Guest Ranch

Mit viel Liebe zum Detail aufgebaut und betrieben wird die Kayanara Guest Ranch bei Eagle Creek. Schon bei der Fahrt durch das Eingangstor fühlt man sich wie im „Wilden Westen“: Pferde grasen auf der Weide und das Gebäude, in dem sich das Verwaltungsbüro, das Sheriffbüro mit Gefängnis und der Hufschmiede-Laden befindet, könnte aus einem Westernfilm stammen.

Empfangsgebäude der Kayanara Guest Ranch

Drei luxuriös und sehr geschmackvoll ausgestattete Blockhütten, mit Platz für bis zu acht Personen, lassen den Aufenthalt hier zur Wellness für die Seele werden. Daneben gibt es noch zwei B&B-Zimmer mit separatem Eingang. Und auch für Reisende im Wohnmobil bietet die Ranch die Möglichkeit zum Aufenthalt. Sechs großzügig angelegte Stellplätze, mit Stromversorgung und „full hook-up“, können genutzt werden. Campern stehen zwei Duschen und eine Waschmaschine zur Verfügung. Im Fall eines Verbotes von Lagerfeuer kann ein zentraler Propangasgrill genutzt werden.

Das Besondere an der Ranch ist neben der ruhigen Lage die Nähe zum Canim Lake und die große Vielfalt an möglichen Aktivitäten, welche die Gäste hier durchführen können. In der „Old Cabin“,

Die Innenansicht der geschmackvoll ausgestatteten Blockhütten

gleich neben dem Eingangstor der Ranch, befindet sich der Fitnessraum mit Ergometer, Kraftmaschine und Crosstrainer. Darüber hinaus ist Volleyball, Badminton, Boccia oder Hufeisen- und Lassowerfen auf dem Ranchgelände möglich.

Eine Besonderheit stellt die Kanutour „Kayanara Run" dar. Während man bei einem Urlaub in Kanada in der Regel auf Seen paddelt, bei denen man wieder zum Ausgangspunkt der Tour zurückkehren muss, verläuft der Kayanara Run über den gemächlich dahinfließenden Eagle Creek. Die rund dreistündige Paddeltour im Kajak oder Kanu führt dabei vom westlichen Ende der Ranch bis zum Canim Lake. Dort wird man von den Mitarbeitenden der Ranch wieder abgeholt.

Reiten gehört auf einer Cowboyranch in Kanada dazu. Die einzigen Bedingungen beim Reiten sind eine Körpergröße, die es erlaubt, die Steigbügel zu erreichen und ein aus Versicherungsgründen notwendiges Mindestalter von zehn Jahren. Zunächst kann jeder Gast auf dem Round Pen, dem Sandplatz bei der Ranch, sein Können ausprobieren. Die Steigbügel werden eingestellt und sobald man sich sicher fühlt, beginnt die Tour.

Die Gruppe besteht aus maximal fünf Personen und wird von einer Wranglerin angeführt. Der Schwierigkeitsgrad der Ausflugspfade richtet sich dabei nach dem Können der Reitenden.

Ebenfalls möglich sind von der Ranch aus Wanderungen von bis zu fünf Stunden Dauer. Die Wege sind beschildert, und es gibt ausführliche Beschreibungen und Routenpläne dazu. Da die Wege an Seen vorbeiführen, kann man die Wanderung mit Baden und Angeln verbinden. Beim Rückweg vom Greenlee Lake kann man auch am Reynolds Resort einen Halt einlegen und bei Kaffee oder Eis den Blick auf den Canim Lake genießen.

Canim Beach Provincial Park

Wer nicht reitet und nicht allein in die kanadische Wildnis eintauchen möchte, kann sich an einer abenteuerlichen Wildnistour beteiligen. Mit bis zu vier Personen geht es im Quad auf schmalen Pfaden und verlassenen Wegen der Holzfäller hinein in die kanadische Wildnis. Pfützen und Schlaglöcher sind mit diesem Fahrzeug kein Hindernis. Über die am Boden liegende Äste und Steine hinweg, vorbei an Biberburgen und versteckten Waldlichtungen gelangt man während der zweistündigen Fahrt zu sechs einsam liegenden Seen.

Quadtour durch die Wildnis

Wer sich die Zeit nimmt, um hier innezuhalten, der kann mit etwas Glück auch die hier lebenden Tiere beobachten. Daniel, der Fahrer des Quad, kennt die Spuren der Tiere auf dem Weg sehr genau und weiß, wo sie sich aufhalten. Insbesondere an den Wasserläufen und den Schilfzonen der Seen kann man nach Elchen Ausschau halten. Wer früh morgens unterwegs ist, hat größere Chancen einem der beeindruckenden Tiere zu begegnen.

Der intensive Geruch nach Wald, der um die Ohren pfeifende Fahrtwind und die Spannung, was sich hinter der nächsten Kurve zeigen wird, machen die Fahrt für Jung und Alt zum Erlebnis.

INFO

Lage: Die Ranch liegt bei Eagle Creek, am Ende der Canim-Hendrix Lake Road.

Anfahrt: Man erreicht sie, von 100 Mile House her kommend, über die Canim-Hendrix Lake Road. Am General Store und der Tankstelle in Forest Grove biegt man nach rechts ab und gelangt 25 Kilometer später nach Eagle Creek. Hinter der Brücke über den Fluss biegt die Hendrix Road zur Ranch ab.

Unterkünfte:

- Alle drei Cabins, Moose, Bear und Wolf, sind komfortabel und gemütlich eingerichtet. Sie verfügen über eine komplette Küche und einen Kamin. Während der Sommermonate Juli und August sind drei Nächte Mindestaufenthalt Bedingung.
- Die Eagles Nest Suite und das Goose-Zimmer werden mit Frühstück angeboten.
- Sechs Stellplätze für Wohnmobile mit Vollservice.

Öffnungszeiten: Die Ranch ist ganzjährig geöffnet und bietet auch im Winter entsprechende Aktivitäten an. Die aus der Schweiz stammenden Besitzer der Ranch verkauften sie im Frühjahr 2021 an Kanadier. Sie wird aber wie bisher mit dem vollen Programm weitergeführt.

Aktivitäten: Über das breite Angebot der Ranch an Aktivitäten und Ausflügen hinaus, bietet der kleine Canim Beach Provincial Park, fünf Kilometer südlich der Kayanara Guest Ranch, die Gelegenheit zur Abkühlung an heißen Sommertagen. Der weite Kiesstrand, die für Provincial Parks typischen Tische und Bänke und das kristallklare Wasser des Canim Lake laden geradezu zum Badetag ein.

Website: *kayanara.ch/wordpress_de*

17. Wells Gray Provincial Park: Mahood Lake

Sowohl als Ausflugsziel von der Kayanara Guest Ranch aus als auch als Urlaubsort für Wohnmobilreisende bietet sich der östlich des Canim Lake liegende Mahood Lake an. Er ist Teil des Wells Gray Provincial Park, jedoch über das klassische Eingangstor zum Park, der Stadt Clearwater, nicht erreichbar. Von Eagle Creek führt eine gut erhaltende Straße, zunächst asphaltiert und ab dem Abzweig zur Howard Lake Recreation Site als Gravel Road, bis zu dem dortigen Campground.

Mahood Lake

Wenige Kilometer südlich von Eagle Creek zweigt die Canim Lake South Road ab. Sie verläuft an der Südseite des Canim Lake und muss auch genutzt werden, will man das Canim Lake Resort besuchen. Das unter deutschsprachiger Leitung betriebene Resort am See bietet neben den Unterkünften in typischen Cabins auch Stellplätze für Wohnmobile an.

Vorbei am Ponderosa Resort führt die Straße weiter am See entlang, bis sie auf die Mahood Lake Road trifft. Nach Süden führt diese zum Highway 24 und nach Norden zum Mahood Lake. Zum Besuch des

Strand des Mahood Lake am Ende des Campgrounds

Sees im Wells Gray Park und den am Weg liegenden Canim Falls und Mahood Falls, muss man die Straße nach Nordosten abbiegen.

Durch dichten Tannenwald und über eine gut befahrbare Gravel Road nähert man sich dem landschaftlich reizvollen Park. Wenige Kilometer vorher passiert man den beschildertern Ausgangspunkt der kurzen Wanderung zu den beiden Wasserfällen.

An der Einfahrt zum Provincial Park steht die bei allen Parks übliche Informationstafel mit einem Überblick über den Campground und die Umgebung. Hinweise zur Anmeldung eines Stellplatzes, mit den dafür notwendigen Formularen und der Box für die Parkgebühr, sind ebenfalls dort angebracht. Der Campground ist von Mitte Mai bis Anfang September geöffnet. Danach kann er zwar genutzt werden, Service wird zwar dann nicht mehr geboten, aber dafür auch keine Gebühren mehr erhoben.

Der Park hinterlässt einen sehr gepflegten und einladenden Eindruck. Die Holztische und Holzbänke der 34 Stellplätze sind in gutem Zustand. Ein Bootssteg ermöglicht es vom Ufer aus zu Angeln, und ein Kinderspielplatz bietet den Kleinsten Abwechslung während ihres Aufenthaltes.

Die größte Attraktion ist allerdings der schön gelegene See selbst. Nicht von Gletscherwasser gespeist, kann man ihn von seiner Temperatur her zum Baden nutzen.

Für diejenigen, die ein Boot mitführen, bietet der Mahood Lake großartige Paddelmöglichkeiten. Man kann sogar bis zu seinem Ostende paddeln und dort auf einfachen Campgrounds mit dem Zelt übernachten.

Kurze Wanderwege zu den Deception Falls, Mahood Falls/Canim Falls entlang des Canim River oder zum Whale Lake runden das Outdoor-Angebot des Wells Gray Park am Mahood Lake ab.

Canim Falls

INFO

Lage: Der Mahood Lake liegt im südwestlichen Teil des Wells Gray Provincial Park.

Anfahrt: Der See ist nur vom Highway 24 über ein Netz von Gravel Roads oder vom Canim Lake her erreichbar. Von Forest Grove aus führt die Canim-Hendrix Lake Road in Richtung Eagle Creek. Kurz vor der Feuerwehrstation von Forest Grove zweigt dann die Canim Lake South Road nach rechts ab. Entlang des Canim Lake verläuft die Straße bis zur Kreuzung mit der Mahood Lake Road. Hier biegt man links ab in Richtung Mahood Lake. Nach 40 Kilometern erreicht man den Campground am See.

Unterkünfte: Der Mahood Lake Campground verfügt über 34 Stellplätze.

Öffnungszeiten: Der Campground ist ganzjährig geöffnet. Während der Saison von Mai bis Anfang September sind die Stellplätze reservierbar und mit Service versorgt. Außerhalb der Saison kann der Platz ohne Serviceangebot kostenfrei genutzt werden.

Aktivitäten:

- Mahood Falls und Canim Falls: Es ist nur ein kurzer Spaziergang, der vom Parkplatz an der Zufahrtsstraße zum Campground bis zu den Fällen führt. Durch dichten Nadelwald gelangt man über einen gepflegten Pfad bis zu den Mahood Falls. Sie sind Teil des Canim River, der hier 15 Meter in die Tiefe stürzt. Allerdings ist der Wasserfall von der Aussichtsplattform nur schwer zwischen den Bäumen zu sehen. Besser sichtbar hingegen sind die Canim Falls, weitere zehn Minuten Fußweg entfernt. Hier kann man gut die Lavagesteinsschichten erkennen, die auch bei den berühmten Helmcken Falls oder den Spahat Falls im Süden des Wells Gray Park die Landschaft prägen. Die Canim Falls stürzen in zwei Armen rund 20 Meter in die Tiefe.

Website: *bcparks.ca/explore/parkpgs/wg_mah*

18. CROOKED LAKE RESORT

Mitten in den endlos scheinenden Wäldern der Cariboo Region liegt am Nordwestende des Crooked Lake das Crooked Lake Resort. Der acht Kilometer lange See am Nordende der Hendrix Lake Road ist eingebettet in die Gebirgszüge des Eureka Peak im Norden und des Boss Mountain im Süden. Das Resort bietet den Gästen einen einzigartigen Blick auf den See und ist durch seine Lage mitten in der Natur eine Oase der Ruhe. Einfache Cabins, manche sogar mit WC und Dusche ausgestattet, und ein großes Blockhaus bieten auch Familien und Gruppen ausreichend Platz.

Entspannung beim Angeln am Crooked Lake

Die Wohnmobilstellplätze liegen allesamt am Ufer des Sees. Sie sind mit Wasser- und Stromanschluss versehen. Wer hier campt, kann wie die anderen Gäste die Infrastruktur des Resorts nutzen, sich ein Kanu ausleihen, mit dem Motorboot zum Angeln auf den See hinausfahren oder den Abend am Lagerfeuer verbringen. Ein Steg für die Motorboote des Resorts ermöglicht es, vom Land aus zu Angeln.

Am frühen Nachmittag schweigt der See. Seine Oberfläche wirkt wie ein überdimensionaler Spiegel und stellt die Berge ringsum auf den Kopf. Man kann sich nicht satt sehen, versucht den See und die Landschaft mit allen Sinnen zu erfassen. Wenn sich die Wasseroberfläche leicht kräuselt, der Wind den Geruch nach Wald und Feuchtigkeit heranträgt und das Ohr das leise Plätschern der Wellen vernimmt, überzieht einen ein angenehmer Schauer. Hier ist man sich selbst, nichts, das einem ablenkt, dafür aber vieles, das einem in den Bann zieht.

Wohmobilstellplätze am Crooked Lake Resort

Mit dem Motorboot gelangt man zu den Sand- und Kiesstränden an beiden Seeseiten. Hier liegt Treibholz, das vor dem blauen Himmel und dem grünlich schimmerndem See die Kulisse für die typischen Kanadafotos bildet. In den vorgelagerten, seichten Buchten tummeln sich Fische, die in der Dämmerung nach Insekten springen und dabei Wellen erzeugen, die auf der ansonsten stillen Oberfläche ihre ungestörten Kreise ziehen. Mit ein wenig Glück kann man in den Morgenstunden oder am frühen Abend am Ufer des Sees auch Schwarzbären oder Elche beobachten.

Mit dem Motorboot über den See

Mit der Dämmerung kommt Wind auf. Dann zeigt sich der See von seiner dunklen Seite. Die Wellen sind mit Gischtkronen verziert und das Wasser hat seine grünliche Farbe verloren. Fast wirkt es ein wenig unheimlich. Aber mit dem Nachlassen des Windes kehrt der gesamte See in seinen Urzustand zurück. Der mit der einsetzenden Nacht hervorkommende Sternenteppich überzieht das gesamte Firmament mit Millionen leuchtender Pünktchen.

Eagles Nest heißt das kleine Restaurant der Lodge. Es erfüllt nicht die typischen Klischees, die üblicherweise mit diesem Wort einhergehen. Schon die Eingangstür verfügt nicht über die Voraussetzungen, den Weg in die Stube des Gastes zu ebnen. Sie verlangt vielmehr einen kräftigen Stoß oder Tritt, damit sie sich öffnet. Gleich rechts steht der PC mit Internetzugang und links zieren zum Teil schon leicht ausgebleichte Fotos die Wand. Eine Landkarte des Sees, mit den ihn umgebenden Bergen und den Wanderwegen, ergänzen Grußkarten und Werbeprospekte auf dem davor stehenden Regal.

Rast nach der Wanderung zum Eureka Peak

Mit dem Betreten des Zimmers verschwindet jegliche Steifheit, die einem ansonsten begleitet, wenn man Restaurants vergleichbarer Unterkünfte in Deutschland zum ersten Mal betritt.

Die Tische am Fenster sind mit Tischdecken, Weingläsern und Stoffservietten für das Abendessen vorbereitet. Sie wollen mit ihrer Eleganz nicht so recht zu der ansonsten eher rustikalen, nach deutschen Vorstellungen vielleicht sogar ein wenig zu bunt zusammengewürfelten Raumdekoration passen. Und doch bilden sie den anziehenden Mittelpunkt für jeden Gast. Von hier aus fällt der Blick quasi zwangsläufig auf den See, und man will nicht mehr wegsehen.

Das Resort wird von Kim und Al betrieben. Sie kommen aus Ontario und suchten die Ruhe und Einsamkeit eines Blockhauses am See. Kim ist eine exzellente Köchin und Al ist als ehemaliger Feuerwehrmann für alle Outdoor-Abenteuer zu haben. Sie halten das Resort das gesamte Jahr über geöffnet. Seither sind auch Winteraktivitäten wie Langlauf und Schneemobilfahrten möglich.

INFO

Lage: Das Crooked Lake Resort liegt am Nordende der Hendrix Lake Road, am Nordwestende des gleichnamigen Sees.

Anfahrt: Die Anfahrt erfolgt von Horsefly über die 60 Kilometer lange, gut zu befahrende Black Creek Road, entlang des Horsefly River und vorbei an Ranches und Gästehäusern. Vom Canim Lake und Eagle Creek her gelangt man über die 65 Kilometer lange Hendrix Lake Road durch dichten Wald bis zum Crooked Lake. Alle Zufahrtsstraßen sind Gravel Roads.

Öffnungszeiten: Das Crooked Lake Resort ist ganzjährig geöffnet. Die Zufahrt im Winter erfolgt einfacher über Horsefly. Hier wird die Straße geräumt.

Aktivitäten: Eine Tageswanderung führt hinauf auf den Eureka Peak. Zu Fuß, oder von den Besitzern des Resort hingebracht, startet man am Trailhead unweit des Resorts. Über eine alte Forststraße steigt der Weg zunächst steil an. Wegmarkierungen gibt es zwar keine, aber dennoch bringt einem der Weg direkt nach oben in die alpine Welt der Cariboo Mountains. Nach dem ersten steilen Anstieg verläuft der Pfad Richtung Südosten, bevor er wieder nach Norden abzweigt und erneut steil auf den 2426 Meter hohen Gipfel führt. Nach sieben Kilometern erreicht man den Bergkamm und zwei Seen spenden erfrischendes Wasser. Wer vorhat auf dem Berg zu übernachten, kann überall sein Zelt aufschlagen und die Wanderung über den Bergkamm am nächsten Morgen fortsetzen. Hierfür empfiehlt es sich, mit einem GPS-Gerät ausgestattet zu sein, um den Weg zu markieren, damit der Einstieg zum Rückweg wieder gefunden wird. Außerdem sollten die Besitzer des Crooked Lake Resort über die Wanderung und Übernachtung informiert und eine Rückkehrzeit vereinbart sein, damit im Falle eines Falles Hilfe organisiert werden kann.

Website: *crookedlakeresorthorseflybc.com*

19. Ausflüge in der Umgebung des Crooked Lake

Vom Crooked Lake aus kann man aufbrechen, um seine ganz persönlichen Outdoor-Abenteuer zu erleben. Bei Wanderungen und Ausflügen zu versteckt liegenden Wasserfällen und einem der zahlreichen Seen muss man sich darüber bewusst sein, dass man sich in der Wildnis Kanadas bewegt. Anders als in den Rocky Mountains werden hier Trails nicht gesperrt, wenn sich Bären zeigen. Wanderwege sind meist nur mit handschriftlichen Schildern oder farbigen Plastikbändern markiert. Doch wer sich darauf einlässt, dem bietet die Region Naturerlebnisse der besonderen Art.

Upper Horsefly Falls

In einem Halbtagesausflug lassen sich die Horsefly Falls erkunden. Sie sind Teil des Horsefly River, der im Wells Gray Park entspringt. Über 98 Kilometer verläuft der Fluss von dort aus mit großen Windungen entlang der Straße mit der Nummer 100 bis Horsefly und weiter zu seiner Mündung in den Quesnel Lake. Nur wenige Kilometer vom Crooked Lake entfernt, befindet sich der Ausgangspunkt zur kurzen Wanderung an die Fälle. Durch dichten Wald und über umgestürzte Bäume führt der mit gelben Bändern markierte Weg zum Horsefly River. Vom Flussufer aus lässt sich der Wasserfall vor der Kulisse des 1989 Meter hohen Big Slide Mountain gut einsehen. Wer noch mehr Abenteuer braucht, kann sich über die angeschwemmten Baumstämme bis zur Abbruchkante der Wasserfälle vorwagen. Vorsicht und sportliches Geschick ist geboten.

Lower Horsefly Falls

Etwas weiter entfernt vom See, in Richtung Horsefly fahrend, erreicht man den Einstieg zu den Lower Horsefly Falls. Auf der linken Straßenseite, mit einem handgeschriebenen Holzschild nur schwer erkennbar markiert, weisen auch hier gelbe Bänder den Weg. Anders als bei den Upper Falls ist der Weg hier leicht zu begehen, und man erreicht nach kurzem Spaziergang das Flussufer mit gutem Blick auf die Wasserfälle. Da über den Horsefly River Ende August, Anfang September die Lachse zu ihren Laichplätzen zurückkehren, muss man bei dem Besuch der Wasserfälle die Augen und Ohren offen halten, und eventuell nach Lachsen fischende Bären frühzeitig auf sich aufmerksam machen.

Wenn man zum kleinen Miner Lake aufbricht, ist die Begegnung mit der Natur grandios. Allerdings benötigt man dafür ein Quad, besser noch, man lässt sich bei einer Tour mit dem Quad in die

Quadtour durch die Cariboo Mountains

Wanderung zum Miner Lake

Cariboo Mountains von Einheimischen führen. Zu wirr ist für Ortsunkundige das Netz von Forststraßen und Wildpfaden, und ohne die notwendigen Ortskenntnisse scheint ein Weg im Wald wie der andere.

Vorbei an den Horsefly Falls, hinein in die unberührte Bergwelt führt der Weg über kleine Straßen und enge Pfade bis hin zu einem Tal, dessen Ende von einer massiven Bergkette, den Ausläufern des Wells Gray Provincial Park, begrenzt ist.

Über einen alten Zufahrtsweg gelangt man zu Fuß zu einem Minenstollen. Er ist, bis auf den Eingangsbereich, aus Sicherheitsgründen nicht mehr zugänglich. Von hier aus schweift der Blick über die weite Senke, sucht auf den Schneefeldern nach Bergziegen oder im Tal nach Elchen und Bären. Die kräftigen Farben der Wiesen und Wälder, die grauen Felsen, der Schnee und das Wasser des kleinen Sees bilden eine Farbkombination die ihresgleichen sucht.

Auf dem Rückweg kennen Ortskundige den versteckten Pfad, der zu dem von ihnen so benannten Secret Lake führt. Dort liegt ein alter Kahn, der benutzt werden kann, um auf dem See zu angeln oder einfach nur vom Wasser aus die grandiose Umgebung zu bestaunen.

Der versteckt liegende Secret Lake

INFO

Lage: Hier herrscht bewaldetes Bergland, mit mehreren größeren und unzähligen kleinen, oft namenlosen Seen vor. Richtung Horsefly wird die Landschaft schnell zu Ranchland, während sie in Richtung Wells Gray Provincial Park rauer, wilder und unberührter wird.

Unterkunft:

- Crooked Lake Resort: *crookedlakeresorthorseflybc.com*

Website: *horsefly.bc.ca/tourism/horsefly-waterfall-quest*

20. Williams Lake

Mit der Ankunft in Williams Lake erreichen Reisende das größte Versorgungszentrum der Cariboo Chilcotin Coast Region. Von hier aus geht es weiter auf den Spuren des Gold Rush Trails bis zum Historic Town Barkerville oder nach Prince George, dem Knotenpunkt für Reisen in den hohen Norden und nach Prince Rupert, den Ausgangspunkt der Fähre durch die Inside Passage. Wer die Chilcotion Region besuchen oder nach Bella Coola möchte, biegt in Williams Lake nach Westen auf den Highway 20 ab.

Tourism Discovery Centre in Williams Lake

Williams Lake ist Cowboystadt. Das wird nicht nur durch die offizielle „BC Cowboy Hall of Fame" im Cariboo Chilcotin Museum im Tourism Discovery Centre zum Ausdruck gebracht. Prägend ist vielmehr die jährlich stattfindende Stampede auf dem Rodeo-Gelände am Highway 20.

Die Stadt wurde auf dem ursprünglichen Territorium der Secwepemc First Nations und ihrer Nachbarn, der Williams Lake und Soda Creek Indian Band, gebaut. Die First Nations nutzten das Tal schon lange vor Ankunft der weißen Siedler als traditionellen Treffpunkt. Inzwischen haben auch viele Vertreter der Tsilhqot'in und ande-

Im Tourism Discovery Centre

rer Nachbarstämme ihr Reservat verlassen und leben in Williams Lake. Das verleiht der Stadt ein besonderes Flair.

Darüber hinaus ist Williams Lake das bedeutendste Handels-, Bildungs- und Dienstleistungszentrum der Region. Den größten Wirtschaftszweig bildet die Forstwirtschaft sowie die Pferde- und Rinderzucht auf den zahlreichen Ranches der Stadt und der Umgebung.

Das ansprechend als großes Blockhaus gebaute Tourism Discovery Centre liegt am südlichen Ortseingang von Williams Lake, am Highway 97. Hier finden sich nicht nur die touristischen Informationen über die Region. Ins Auge fällt vor allem der rote Kleinwagen, bepackt mit Kanu, Rucksack, Sätteln und Skiern, aufgestellt vor den wunderschönen Landschaftsaufnahmen. Er symbolisiert die Vielfalt der Aktivitäten, die in der Cariboo Chilcotin Coast Region unternommen werden können. Einen Stadtplan mit allen notwendigen Informationen über Sani Dump Station, Waschgelegenheiten und Ausflugszielen erhält man bei den Ansprechpartnern des Visitor Centre.

Von hier aus gelangt man auf dem Highway 97 in das Stadtzentrum. Weitläufig angelegt und ausgestattet mit vollständiger Infrastruktur, einschließlich Krankenhaus und Flughafen, ist Williams Lake das wirtschaftliche Zentrum der Cariboo Chilcotin Region.

Wer sich Zeit nimmt für einen Bummel durch die Stadt, wird an vielen Häuserfassaden Wandmalereien entdecken. Geschaffen von lokalen Künstlern, erzählen sie die Geschichte der Region. Das neueste Werk stellt das Leben und die Kultur der First Nations in

Fassadenmalerei in Williams Lake

den Mittelpunkt und zeigt dabei auf, welche Bedeutung dem Lachs für das Ökosystem der Region zukommt. Die Wandmalereien mit ihren unterschiedlichen Themen finden sich Downtown, an Häusern entlang der Oliver Street und ihren Seitenstraßen, der 1st bis 4th Avenue.

Williams Lake ist Cowboy- und Cowgirlstadt

Im ehemaligen Bahnhofsgebäude in der Mackenzie Avenue ist heute die Station House Gallery untergebracht. Das älteste Gebäude der Stadt diente schon immer als Treffpunkt für die Bewohner und ist heute Kulturzentrum mit wechselnden Ausstellungen regionaler Künstler.

INFO

Lage: Williams Lake liegt 550 Kilometer nördlich von Vancouver am Highway 97. Hier kreuzen sich die von Süden nach Norden und von Ost nach West laufenden Verkehrsverbindungen. Nach Norden verläuft der Highway in Richtung Prince George, nach Süden in Richtung 100 Mile House und Vancouver. Von Südosten her verbindet der Fishing Highway den Wells Gray Provincial Park mit Williams Lake und nach Westen gelangt man über den Highway 20 nach Bella Coola.

Unterkünfte: In Williams Lake gibt es zahlreiche Hotels der großen Hotelketten. In der Umgebung der Stadt, entlang des Highway 97 nach Süden und des Highway 20 nach Westen, finden sich auch Lodges und Resorts, die für einen längeren Aufenthalt geeignet sind.

Aktivitäten:

- Besuch des Cowboy Museums im Visitor Centre; *cowboy-museum.com*, *williamslake.ca/466/Tourism-Discovery-Centre*
- Ausflug zur Xatsull Heritage Village am Fraser River; *xatsullheritagevillage.com*
- Ride The Cariboo: Mountainbiketouren rund um Williams Lake; *ridethecariboo.ca/williams-lake/trail-networks*

Website: *horsefly.bc.ca/tourism/horsefly-waterfall-quest*

Hinweis: Cowboys, Gold und Rinder
Mit dem Beginn des Goldrausches und der Ankunft tausender Abenteurer und Siedler in Barkerville und der Umgebung, arbeiteten Cowboys als Viehtreiber, um die Ankömmlinge mit Fleisch zu versorgen. Sie trieben die Viehherden aus dem Norden der USA bis in die Region und begannen deshalb schon bald mit der Viehzucht näher an den Verkaufsorten. Die meisten Cowboys während der Pionierzeit waren Angehörige der First Nations. Sie verstanden zu reiten, kannten das Gelände und sprachen mit Chinook, gemeinsam mit den Ranchern, eine für alle verständliche Sprache. In der Viehwirtschaft waren sie gleichberechtigte Partner, was auch heute noch der Fall ist.

21. Williams Lake Stampede

Ein beeindruckendes Schauspiel ist die jährlich in Williams Lake stattfindende Stampede. Ausgerichtet wird sie am langen Wochenende in Verbindung mit dem Nationalfeiertag Kanadas, dem Canada Day am 1. Juli. Cowboys und Cowgirls aus ganz Kanada und den USA kommen zu diesem Wettbewerb in die Stadt. Sie messen sich im Rodeo, dem Bull Riding, dem Einfangen von Kälbern mit dem Lasso oder in dem Zusammentreiben von Rinderherden. Beim Mountain Race, dem Pferderennen von den Hügeln der Stadt hinab zum Rodeogelände, zeigen die Teilnehmer, wie sie die Pferde beherrschen und beim anschließenden Hindernisrennen um Fässer Geschick, Kraft und Ausdauer.

Tonnenreiten ist Teil der Williams Lake Stampede

Das Rodeogelände liegt am Highway 20 in Richtung Bella Coola auf der rechten Seite. Für Wohnmobilreisende bietet der Campingplatz neben dem Wettkampfgelände Stellplätze mit Stromanschluss und daneben ausreichend Platz für Camper mit Zelten. Sanitäranlagen und eine Dumpstation befinden sich nebenan.

Den bei der Stampede anwesenden mehreren Tausend Besuchern, darunter zahlreiche Familien mit ihren Kindern, bietet die überdachte Tribüne ausreichend Platz. Eintrittskarten können sowohl vorab bestellt und hinterlegt oder an der Tageskasse erworben werden. Für das leibliche Wohl während der Veranstaltung ist bestens gesorgt. Sowohl auf dem Stampedegelände als auch in der Stadt selbst bieten Vereine und Organisationen, aber natürlich auch kommerzielle Händler, vom Frühstück bis zum Dinner alles, was der Magen begehrt.

Das Programm der Stampede ist abwechslungsreich und unterhaltsam. Namhafte Reiterinnen und Reiter aus ganz Kanada und dem Nachbarland USA zeigen hier ihr Können. Sich auf bockenden Pferden nur mit einem Arm festhalten und sich dabei mindestens acht Sekunden lang im Sattel halten oder ein rennendes Kalb mit dem Lasso einfangen, sind nur zwei der gezeigten Disziplinen des Rodeo.

Bei allen Wettbewerben geht es um die Beherrschung des gerittenen Pferdes, handwerkliches Können im Umgang mit dem Lasso, Arbeiten im Team und entsprechende Fitness. Mit der Stampede wird das ursprüngliche Leben der Cowboys im „Wilden Westen" lebendig. Es ist für die Bewohner der Region nicht zuletzt eine Pflege ihrer Traditionen und ein unverzichtbarer Bestandteil ihrer Kultur.

Begleitet wird die Stampede von einem Volksfest, das von den Bewohnern der Stadt und der Region gerne angenommen wird. Den Auftakt bildet die Parade durch die Stadt. An ihr beteiligten sich Vereine, Schulen, Institutionen, Hilfs- und Rettungsorganisationen, Vertretungen der First Nations und Unternehmen. Mit bunt gestalteten Motivwagen, mit Pferden, in kreativen Verkleidungen und mit eigens für die Parade kreierten inhaltlichen Botschaften, präsentieren sie sich den zahlreichen Zuschauern am Straßenrand. Wo Musik von den Motivwagen ertönt, wird getanzt und mitgesungen.

Mit besonderem Applaus bedacht werden insbesondere diejenigen, die unter Einsatz ihres Lebens jedes Jahr gegen die zahlreichen Waldbrände in der Region kämpfen oder bei Unfällen Erste Hilfe leisten. Gerade Feuerwehr und Rettungsdienste genießen in der Region ein hohes Ansehen. Sie arbeiten auf freiwilliger Basis, und in den Weiten des Chilcotin sind darunter auch zahlreiche Vertreter der First Nations, die dort den Dienst für die Gemeinschaft übernehmen.

Parade durch die Stadt zur Eröffnung der Stampede

Mcintyre Lake Recreation Site am Highway 20

INFO

Lage: Das Stampede Gelände liegt am Highway 20 Richtung Bella Coola auf der rechten Seite. Daneben befindet sich eine Sani Dump Station.

Unterkünfte:

- Für Wohnmobilreisende bietet es sich an, auf dem Campground des Stampedegeländes zu übernachten. Dieser Platz kann in der Saison vorab reserviert werden; *williamslakestampede.com/campground*
- Mcintyre Lake Recreation Site: einfache Übernachtungsmöglichkeit mit dem Wohnmobil am Highway 20, 34 Kilometer westlich des Stampedegeländes. Von hier aus kann man am Morgen der Parade in die Stadt fahren, frühstücken und anschließend die Parade anschauen; *sitesandtrailsbc.ca.*

Öffnungszeiten: Die Williams Lake Stampede findet jährlich am langen Wochenende rund um den Nationalfeiertag am 1. Juli statt.

Website: *williamslakestampede.com*

22. Xatśūll Heritage Village

Dreißig Kilometer nördlich von Williams Lake, bei Soda Creek, westlich des Highway 97, bieten die Xatśūll First Nations Besuchern die Gelegenheit, sich über die spirituelle, kulturelle und traditionelle Lebensweise der First Nations zu informieren. Am majestätisch dahinfließenden Fraser River liegt das Xatśūll Heritage Village. Dieser Ort kann besucht und besichtigt werden und ist gleichzeitig Stätte der Begegnung zwischen der Bevölkerung der Umgebung und den First Nations People.

Blick vom Parkplatz aus auf die Xatśūll Heritage Village

Die First Nations der Region lebten in Erdhöhlen

Schon von der Anhöhe aus machen helle weiße Tipis auf diesen Ort aufmerksam. In der Region nutzten die First Nations allerdings diese Art von Zelten nicht. Dennoch will man mit dieser Wohnform der in der Prärie lebenden First Nations die ganze Bandbreite der Siedlungsformen der Ureinwohner aufzeigen. Gleichzeitig dienen die Tipis Besuchergruppen als Übernachtungsmöglichkeit.

Tipis, der Wohnraum der First Nations in der Prärie

Die First Nations der Cariboo Chilcotin Region lebten in ausgebauten Erdhöhlen. Sie boten 20 bis 30 Personen Platz, verfügten über eine Dachluke als Ausstieg und Abzug für den Rauch

Fraser River, Wanderweg der Lachse

des Lagerfeuers und waren innen mit Decken und Sitzgelegenheiten ausgestattet.

Der Fischreichtum im Fraser River, insbesondere an Lachsen, bot den Xatśūll die notwendige Nahrungsgrundlage. Wer in der Zeit der Lachswanderung die Siedlung besucht, kann beim Lachsfang und deren weiterer Zubereitung zuschauen. Einen besonderen Höhepunkt bieten die Erzählungen der Stammesältesten, die als Tagesprogramm angeboten werden.

Das Prinzip, nach dem in unseren modernen Küchen heutzutage mit Dampfgarern und anderen Gerätschaften gekocht wird, nutzten die Xatśūll seit Jahrtausenden. In ein Erdloch wurden heiße Steine gelegt, das Fleisch darüber aufgeschichtet und das Loch mit Steinen und Erde verschlossen. Nach einer Weile war das Fleisch gar und konnte verspeist werden.

Ein weiteres, heute bekanntes Prinzip war schon bei den Ureinwohnern in Gebrauch, die Sauna. In die Schwitzzelte, abgedichtet mit Decken und Fellen, wurden heiße Steine gelegt, sodass Männer und Frauen in den Zelten zu schwitzen begannen. Allerdings legte niemand der Saunabesucher dazu die Kleidung ab.

All das ist Teil des Besucherprogramms der Xatśūll Heritage Village. Die Siedlung kann aber auch ohne Führung besichtigen werden.

INFO

Lage: 37 Kilometer nördlich von Williams Lake, liegt die Xatsull Heritage Village bei Soda Creek am Ufer des Fraser River.

Anfahrt: Sie ist von Williams Lake aus über den Highway 97 in Richtung Quesnel erreichbar. Bei Soda Creek biegt die Williams Lake Cut Off Road nach Westen ab, überquert die Bahnlinie und führt hinab ins Tal des Fraser River.

Öffnungszeiten: In der Zeit von Mitte Oktober bis Mitte Mai ist die Xatśūll Heritage Village geschlossen.

Website: *xatsull.com/xatsull-heritage-village*

Cariboo: der Norden

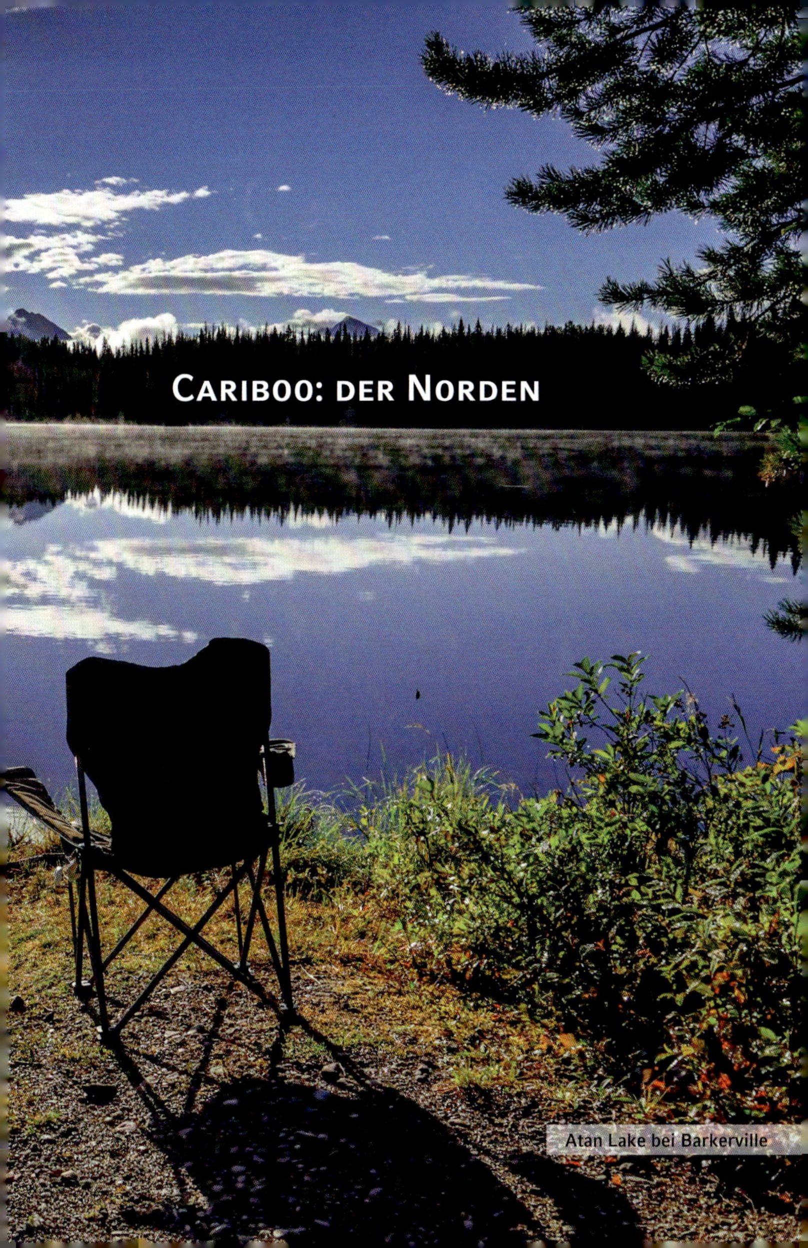

Atan Lake bei Barkerville

Cariboo: der Norden

23. Barkerville, die Stadt der Goldgräber und Abenteurer
24. Wells: Künstlerstädtchen in der Wildnis
25. Bowron Lake Provincial Park
26. Mit dem Kanu die Natur erleben
27. Barkerville Backroad: auf den Spuren der Goldsucher

Kidd
16
Loos
Goat Riv
16
Cariboo Hamlet
25
26
Beaver Pass House
24
23
27
Wells
Cottonwood
Coldspring House
Swift River
Cariboo Mountains Provincial Park
27
Quesnel Forks
Likely
Big Lake Ranch
Horsefly
Black Creek

23. Barkerville, die Stadt der Goldgräber und Abenteurer

Haben Sie sich schon einmal einen Zahn ziehen lassen für fünf kanadische Dollar, völlig schmerzfrei natürlich? So pries der Zahnarzt der Goldgräberstadt Barkerville seine Leistungen auf einem Holzschild am Praxiseingang an. Ein Blick in sein Behandlungszimmer lässt Zweifel an seinem Versprechen aufkommen.

85 Kilometer östlich von Quesnel, am Ende des Highway 26, liegt das 1924 offiziell zur National Historic Site erklärte Freilichtmuseum Barkerville. Der Ort trägt seinen Namen in Erinnerung an William „Billy" Barker, einem Goldsucher aus England. Er kam nach dem Ende des Goldrausches in Kalifornien nach British Columbia und entdeckte 1862 am Williams Creek Goldvorkommen.

Hauptstraße des Historic Town Barkerville

Barkerville war in Folge die zweitgrößte Stadt nördlich von San Francisco. Pioniere und Abenteurer aus aller Welt, vor allem aber aus China und anderen asiatischen Ländern, suchten dort ihr Glück. Heute ist die Stadt eine mit viel Liebe zum Detail gepflegte und erhaltene Touristenattraktion der Cariboo Region; ein lehrreiches Stück jüngster Vergangenheit nordamerikanischer Geschichte. Ob es die Geschäfte an der Hauptstraße sind, in denen selbst heute noch wie anno dazumal eingekauft werden kann, oder die Holzkirche, in der man glaubt, den schwarz gekleideten Priester seine Predigt halten zu hören.

Einen Blick in das Wohn- und Schlafzimmer eines Goldgräbers der damaligen Zeit zu werfen hilft, das Bild über die Lebenssituation der Menschen ins rechte Licht zu rücken. Da bleibt kaum Platz für Abenteuer und Romantik am Kaminfeuer, im tiefsten kanadischen Winter. Hier kann man vielmehr nachvollziehen, wie sehr es um das tägliche Überleben, um hartes Arbeiten und das Leben auf engstem Raume ging. Die Menschen in Barkerville suchten nach Gold, Glück und einer neuen Lebensperspektive, waren Pioniere und Abenteurer zugleich und letztendlich alle dazu verdammt, unter schwierigsten Bedingungen ihr Dasein zu fristen.

Blick in das Wohnzimmer der Goldsuchenden

Hier können entlang der Dorfstraße 135 restaurierte Gebäude besichtigt werden, und Besucher dürfen miterleben, wie „Einheimische", gekleidet wie zur damaligen Zeit, zur Arbeit im Bergwerk aufbrechen, die Postkutsche steuern oder im Saloon die Gäste bedienen. Als historische Personen verkleidete Darsteller beleben die Straßen, begrüßen Besucher und erzählen gerne aus ihrer Zeit und ihrem Leben. In Theatervorstellungen, Straßenszenen oder bei der Führung über den Friedhof erfährt man anschaulich, wie man vor mehr als 150 Jahren als Schmied, Lehrerin, Schneiderin oder als Kind gelebt hat.

Gegen Ende des Goldrausches stieg die Zahl der aus China kommenden Zuwanderer auf über 1000 an. Sie kamen überwiegend aus der Provinz Guangdong, etablierten in Barkerville ihre Gemeinschaft und unterstützten sich gegenseitig. Im Museum der Historic Town befindet sich heute eine der größten und bedeutendsten Sammlungen antiker chinesischer Objekte außerhalb Chinas.

Gerade für Familien mit Kindern bietet das Freilichtmuseum eine Menge. Man kann mit der Postkutsche durch das Museumsdorf

Atan Lake

fahren oder beim Goldwaschen, mit authentischer Hilfe durch einen „Goldgräber“, am Wasserlauf sein Glück versuchen. Ältere Kinder können täglich in der Zeit von 11 bis 13 Uhr eine chinesische Schulstunde besuchen.

Darüber hinaus werden im Frühjahr und Herbst Workshops angeboten, die sich mit der Druckerei, der Schmiedearbeit oder der Vorbereitung eines viktorianischen Abendessens befassen.

Auch für das leibliche Wohl ist bestens gesorgt. Ein asiatisches Restaurant und der Saloon sowie das Wake-Up Jake Restaurant bieten asiatisch-kanadische Küche, einschließlich Frühstück. Die Goldfield-Bäckerei und das Barkerville Café bieten frisch gebackenen Kuchen und Brot. In mehreren Souvenirläden und kleinen Geschäften lassen sich vom Goldgräberhut bis zum Schmuck, Käse, Eis und Süßigkeiten einkaufen.

INFO

Lage: Am Ende des Highway 26, 85 Kilometer östlich von Quesnel, liegt das Freilichtmuseum in den Hügeln und Wäldern der Cariboo Region.

Anfahrt: Das Museum ist über den Highway von Quesnel oder von Likely aus über die Barkerville Backroad zu erreichen

Öffnungszeiten: Das Museum ist das gesamte Jahr über geöffnet. Allerdings gibt es zur Winterzeit nur eingeschränkte Serviceangebote. Diese sind auf der Webseite des Museums vermerkt. Während der Sommersaison öffnet Barkerville von 8 bis 20 Uhr seine Türen.

Unterkünfte:

- In Barkerville gibt es mehrere Übernachtungsmöglichkeiten innerhalb des Freilichtmuseums. Sowohl das B&B als auch die Cottages sind geschmackvoll und an die damalige Zeit angepasst, eingerichtet.
- In der Nachbargemeinde Wells kann im Mountain Thyme Getaway im Willow River Inn (*stayinwells.ca*), oder im Wells Hotel (*wellshotel.com*) übernachtet werden.
- Campground Government Hill : zu Fuß vom Museum aus erreichbar, 23 Stellplätze und acht Cabins. Für große Wohnmobile ist dieser Platz allerdings nicht geeignet; *barkerville.ca/places-to-stay*
- Lowhee Campground: 87 Stellplätze; *barkerville.ca/places-to-stay*
- Forest Rose Campground: 54 Stellplätze; *barkerville.ca/places-to-stay*
- Atan Lake Recreation Site: für „Abenteurer" im Wohnmobil. Mit drei einfachen Stellplätzen. Sie liegt neun Kilometer vom Abzweig der Straße 2900 von der Bowron Lake Road entfernt. Der Weg dorthin ist ein wenig abenteuerlich und am ehesten für Truck Camper zu bewältigen. Dafür bietet der Platz einen grandiosen Blick auf den Atan Lake mit den Bergen des Bowron Lake Provincial Park im Hintergrund.
- Lightning Creek Recreation Site: verfügt über sieben einfache Stellplätze, die auf dem Weg nach Barkerville genutzt werden können, gelegen entlang des Highway 26, kurz nach Quesnel. Rechts vom Highway zweigt dort der Weg mit der Nummer 1300 ab.

Website: *barkerville.ca*

Hinweis: Eine Sani Dump Station befindet sich zwischen Barkerville und Wells.

24. Wells: Künstlerstädtchen in der Wildnis

Die ehemalige Bergarbeitersiedlung Wells, wenige Kilometer vor Barkerville, zählt nur rund 300 während des gesamten Jahres hier lebende Bewohner. Dennoch lohnt sich ein Zwischenstopp. Wer gerne abseits der Hauptwege wandern und die Natur erkunden möchte, der ist hier richtig. Zahlreiche Wanderwege und stillgelegte Straßen der Forst- und Minenindustrie bieten die Gelegenheit, Stunden in der Natur unterwegs zu sein, ohne jemandem zu begegnen.

Die Nähe zu den Bowron Lakes zeichnet Wells aus

Die augenscheinliche Besonderheit des kleinen Städtchens aber sind die schmuckvoll und farbenfroh restaurierten Häuser mit ihren Fassaden aus der Zeit des Goldrausches. Dazu zählen auch historische Gebäude wie das Wells Hotel und das Sunset Theatre.

Die Kunst prägt Wells in vielen Bereichen des Alltags. An der renommierten Kunstschule, der Island Mountain Arts Society in Wells, werden bildende, schriftstellerische und darstellende Künste unterrichtet. Das beliebte Arts Wells Festival of All Things Art, das jeweils am ersten Augustwochenende stattfindet, begeistert mit einer Vielfalt von über hundert musikalischen Darbietungen, Filmvorführungen, Tanz- und Theatervorstellungen lokaler und internationaler Künstler. Das über Jahre hin gut funktionierende Restaurant The Bear's Paw Cafe wurde 2021 geschlossen. Kleine Speisen und Kaffee gibt es gleich nebenan, im Souvenirladen und Gästehaus Frog on the bog, das von den Besitzern des Bear´s Paw Cafe, Cheryl und

Einkaufsladen in Wells

Dave Jorgenson, weiter betrieben wird. Dave ist ein anerkannter Kenner der Gegend und Guide für ausgedehnte Wander- und Skitouren in der Umgebung sowie Paddelabenteuer im nahen Bowron Lake Provincial Park.

Souvenirladen Frog on the Bog an der Hauptstraße in Wells

Das Umland von Wells verfügt über viele Kilometer an weitläufigen, wunderschönen Trails, von denen viele direkt vom Ortszentrum aus erreichbar sind. Der am Ortseingang liegende Jack of Clubs Lake bietet sich für eine kleine Kanufahrt an. Und im Winter können Skilangläufer um den Berg Mount Murray gut von einer Hütte zur nächsten laufen.

Ein unvergessliches Erlebnis ist die Kanutour auf den Seen des Bowron Lake Provincial Park. Gerade diejenigen, die nicht die Zeit mitbringen, um die gesamte Seenkette des Bowron Lake Provincial Parks zu bepaddeln, können von Wells aus eine eintägige oder sogar dreitägige Paddeltour über den Bowron Lake und den Westteil des Provincial Parks unternehmen. Für alle diese Touren gibt es am Bowron Lake entsprechende Anbieter.

INFO

Lage: Wells liegt am Highway 26, neun Kilometer vor dem Freilichtmuseum Barkerville.

Aktivitäten:

- Festival of All Things Arts: *artswells.com*
- Ausgangsort für Paddeltouren im Bowron Lake Provincial Park

Unterkünfte:

- Mountain Thyme Getaway und Willow River Inn: *stayin-wells.ca*
- Wells Hotel: *wellshotel.com*
- Wohnmobilreisende können die Campgrounds des Historic Town Barkerville Nutzen (siehe Tipp 23, Seite 130)

Restaurants:

- Frog on the bog: Kleine Speisen, Kaffee und Kuchen gibt es im Souvenirladen und Gästehaus Frog on the bog an der Hauptstraße des Städtchens; *frogonthebog.ca*
- Pub im Jack O Clubs General Store: *wells.ca/residents/community-directory/community-groups/jack-o-clubs-general*

25. Bowron Lake Provincial Park

Sie gilt als eine der schönsten Kanutouren der Welt. Großartige Natur, wunderschöne Landschaften, Bären, Elche und ein einzigartiges Paddelerlebnis über eine Strecke von 116 Kilometern. Mit diesen Superlativen wirbt die Cariboo Region British Columbias für ihr Kleinod zwischen der Historic Town Barkerville und dem Highway 16 gelegenen Bowron Lake Provincial Park und die dort mögliche mehrtägige Kanutour. Und das ist keinesfalls übertrieben.

Inukshuks, Steinskulturen am Lanezi Lake

Der Bowron Lake Provincial Park liegt auf tausend Metern Höhe, eingebettet in die Berge und Hügel der Cariboo Region, 25 Kilometer nördlich von Barkerville. Bestehend aus einer Kette von zwölf Seen, verbunden durch Flüsse und Portagen, bildet der Bowron Lake Circuit ein natürliches Rechteck mit einer Länge von 116 Kilometern. Dieses kann, je nach sportlicher Fitness, in sieben bis zehn Tagen durchpaddelt werden. Geschlafen wird dabei im Zelt auf den dafür vorgesehenen Zeltplätzen der jeweiligen Seen.

Die Kanutour muss bei der Parkverwaltung angemeldet und eine Reservierung vorgenommen werden. In den Sommermonaten Juli und August ist das Kontingent der täglich startenden Kanuten oft schon Monate vorher ausgebucht. Die Monate Mai, Juni und September hingegen sind nicht ganz so stark ausgelastet, zumal der Park am 30. September geschlossen wird und alle Paddler bis dahin den Park verlassen haben müssen. Dennoch kann man den Park auch spontan besuchen und eine Kanutour auf dem Bowron Lake unternehmen oder bei den Parkrangern nachfragen, ob zurückgegebene Plätze im jeweiligen Tageskontingent frei sind.

Das Kanu sowie dazugehörige wasserdichte Tonnen und Säcke, Kocher und Geschirr, bis hin zum Zelt, lassen sich bei unterschiedlichen Anbietern direkt am Bowron Lake mieten. Was die Verpflegung anbelangt, kann man natürlich Gemüse, Kartoffeln, Fleisch, Eier etc. im Kanu mitführen. Aber das Gepäck, und damit auch das Essen, muss über die Portagen zwischen den Seen transportiert werden, und es gibt ein Höchstgewicht für das im Boot transportierbare Gepäck. Was darüber hinausreicht, muss im Rucksack oder am Körper getragen werden.

An jedem Beginn und Ende einer Portage stehen bärensichere Container. Das heißt, wer zunächst der Einfachheit halber das Kanu über die Portage transportieren möchte, kann sein Gepäck darin verstauen, das Kanu zum nächsten See bringen und dann zurückkehren, um das Gepäck zu holen. Im Wasser wird das Boot wieder

Indianpoint Lake

mit allem Gepäck beladen. Es muss vom Gewicht her gut austariert werden, damit das Boot beim Paddeln nicht schief liegt. Alle Gepäckstücke werden mit den Querstreben des Kanus verbunden, sodass sie im Falle einer Kenterung nicht im Wasser versinken oder abtreiben können.

Start zur Paddeltour ist am Visitor Centre. Dort erfolgt zunächst die Registrierung der persönlichen Daten, eine Einweisung in den Park und bezüglich des Verhaltens Bären gegenüber sowie in die Symbole, die Campgrounds, das Feuerholz und Portagen signalisieren. Nach dem Wiegen des Gepäcks geht es zunächst zu Fuß über die 2,4 Kilometer lange Portage zum ersten See, dem Kibbee Lake.

Die Campgrounds entlang der Seenkette sind nummeriert. Sie bestehen aus einer mit Baumstämmen markierten Stellfläche für das Zelt, einer Feuerstelle und Toilettenhäuschen.

Entlang der Route stehen an mehreren Stellen kleine Hütten. Sie dürfen bei schlechtem Wetter zur Übernachtung und zum Trocknen der Kleidung genutzt werden. Bei allen Hütten gilt „first come, first serve".

Garantiert ist die Paddeltour ein einmaliges Reiseerlebnis, fernab von Internetempfang und ständiger Erreichbarkeit. Wer sie paddelt, der verbindet sich zwangsläufig mit der Natur und spürt, was es heißt, sich auf Wesentliches, auf Existenzielles zu konzentrieren und verlassen zu können. Ein Glücksgefühl der ganz besonderen Art, das auch lange danach noch anhält.

Für alle, die nur zwei bis vier Tage Zeit mitbringen, ist die Tour über den Westteil des Parks, bis zum Unna Lake und zurück, eine mögliche Alternative. Ansprechpartner dafür sind die unterschiedlichen Ausrüster und Kanuverleihstationen am See.

INFO

Lage: Der Bowron Lake Provincial Park liegt in den westlichen Ausläufern der Cariboo Mountains, 147 kilometer nordöstlich von Quesnel.

Anfahrt: Er ist über den Highway 26 und die sich daran anschließende Bowron Lake Park Road erreichbar.

Unterkünfte:

- Für die mehrtägige Kanutour wird ein Zelt benötigt. In der Becker´s Lodge kann man sich für die gesamte Kanutour ausrüsten; *beckerslodge.ca*
- Will man nur am See übernachten, bietet sich für Wohnmobilreisende der Campground des Provincial Parks mit 25 Stellplätzen an. Cabins und Chalets sowie Stellplätze für Wohnmobile können bei Becker´s Lodge reserviert werden; *beckerslodge.ca*

Website: *bcparks.ca/explore/parkpgs/bowron_lk*

Hinweis: Die gesamte Tour kann auch von wenig erfahrenen Kanuten gepaddelt werden. Es empfiehlt sich, gerade bei windigem Wetter, in Ufernähe zu paddeln und auf den Flüssen auf Treibholz und im Wasser liegende Baumstämme zu achten. Eine kleine Stromschnelle, The Chute, am Ende des Issac Lake, sollte nur dann mit dem Kanu durchpaddelt werden, wenn man das Boot und das Paddel beherrscht. Andernfalls muss diese Stelle umtragen werden.

26. MIT DEM KANU DIE NATUR ERLEBEN

Nur wer das Paddeln über den Bowron Lake Circuit als gesonderten Reisebaustein plant, bringt die notwendige Zeit mit für dieses Naturerlebnis. Allen anderen bietet sich die Möglichkeit, vom namensgebenden See des Provincial Parks aus eine Tagestour mit dem Kanu zu unternehmen. Sich Zeit nehmen, die Wetterentwicklung und vor allem die Windverhältnisse verfolgen, Proviant und Getränke mitnehmen und dabei die Kamera nicht vergessen, wasserdicht verpackt, versteht sich. So vorbereitet, kann man die wunderschöne Landschaft der Cariboo Mountains vom Wasser aus erleben.

Bowron Lake, Ausgangspunkt für eine Tagestour

Von Wells aus führt eine gut gepflegte Gravel Road rund 35 Kilometer bis zum Bowron Lake. Schon vor dem See wird die Becker´s Lodge angekündigt. Sie bietet das vollständige Equipment, was für eine Tagestour benötigt wird. Eine Anmeldung der Tagestour bei der Verwaltung des Provincial Parks ist nicht notwendig.

Der Bootsverleiher bringt das Kanu zu einer Anlegestelle am Westteil des Sees. Von hier aus startet man möglichst schon am frühen Morgen, um das noch ruhige Wasser des Sees leicht durchfahren zu können. Auf der Nordostseite des Sees laden zwei Sandstrände zu einem ersten Zwischenhalt ein. Ein weiterer Strand, allerdings steinig, findet sich auf der Ostseite des Sees hinter einer kleinen Landzunge, die in den Hauptsee hineinreicht.

Nach kurzer Rast geht es weiter zum südöstlich liegenden Ende des Sees. Hier weisen zwei weiße Holzpfosten auf den Eingang zum Flusssystem hin, das den Bowron Lake in zahlreichen Windungen mit dem Swan Lake verbindet. Der Fluss führt durch weites Marschland, der Heimat der Elche. Wenn das Kanu sanft durch das Wasser gleitet und die Natur mitspielt, kann man die Tiere hier vom Kanu aus beobachten.

Hinweistafel

Flussläufe durch das Marschland

Wer im Flussverlauf anlanden und eine Rast einlegen möchte, muss sich dafür geeignete Stellen suchen oder aber bis zu einem der Campgrounds weiterpaddeln, die sich am Flussverlauf befinden. Auf der gesamten Strecke, die je nach Fitness in zwei bis drei Stunden zurückgelegt werden kann, sind die Berge der Cariboo Mountains zu sehen. Die Ruhe ist quasi hörbar und nur selten begegnen einem Paddelnde, die den mehrtägigen Canoe Circuit beenden und sich auf dem Rückweg befinden.

Mit einem entsprechenden Orientierungssinn und notwendiger Erfahrung im Kanu, lohnt ein Abstecher in die meist sehr flachen Seen der Marschlandschaft rechts und links des Flussverlaufes. Sie sind über schmale Bäche miteinander verbunden. Allerdings blockieren manchmal Baumstämme den Weg oder das Gras des Marschlandes überwuchert die Verbindung, sodass sie nicht gleich zu erkennen ist. So könnte der Tourverlauf vom südöstlichen Ende des Sees durch das Marschland zum Hauptfluss am westlichen Ufer des Sees erfolgen.

Bowron Lake

Schon bei der Vorbereitung der Tour ist es ratsam, die Zeit und die Kraft für den Rückweg einzukalkulieren. Insbesondere deshalb, weil gerade am Nachmittag Wind aufkommen kann, was den Rückweg zum Startpunkt am See anstrengend machen kann. Ratsam ist es, gerade für ungeübte Paddlerinnen und Paddler, sich bei der Fahrt über den See in Ufernähe zu bewegen. Bei der Rückfahrt bietet es sich an, dafür die Westseite des Sees zu nutzen.

In der Ferne die Cariboo Mountains

INFO

Anfahrt: Der Bowron Lake ist von Wells aus über eine 35 Kilometer lange Gravel Road zu erreichen.

Unterkunft:

- Becker´s Lodge: Neben den Übernachtungsmöglichkeiten bietet die Lodge unterschiedliche Boote sowie alle notwendigen Ausrüstungsgegenstände für ein- und mehrtägige Kanutouren zum Verleih an.

Websites:

- *bcparks.ca/explore/parkpgs/bowron_lk*
- *beckerslodge.ca/*

27. Barkerville Backroad: auf den Spuren der Goldsucher

Allein der Name der Straße verspricht Abenteuer und Einsamkeit. Sie verbindet die ehemaligen Goldsucherstädte Likely und Barkerville und führt dabei durch zwei Provincial Parks in der Wildnis der Cariboo Mountains. Die Straße entstand während des Cariboo-Goldrausches, als die Abenteurer mit ihren Planwagen von Likely nach Barkerville fuhren. Heute erreicht man Barkerville über diese Gravel Road nach rund drei Stunden reiner Fahrzeit.

Barkerville Backroad durch die Cariboo Mountains

Am Beginn der Barkerville Backroad

Likely ist eine kleine Gemeinde am Nordarm des hundert Kilometer langen Quesnel Lake. Der See, der sich damit schmückt, der tiefste aus einem Gletscher entstandene Fjordsee zu sein, ist umgeben von Binnenregenwald. Von hier aus führt die Straße weiter nach Keithley Creek. Am Abzweig nach Barkerville wird sie zur Gravel Road mit der Nummer 8400. An einer nicht zu übersehenden Schautafel sind aktuelle Straßenzustände vermerkt. Insbesondere gilt es, auf die Passierbarkeit des Cunningham Pass, kurz vor Barkerville, zu achten.

Mit ihrem Verlauf durch dichten Wald und über den Cariboo River, wird nach zwölf Kilometern die Ladies Creek Recreation Site angekündigt. Der einfach ausgestattete Campground bietet sechs Stellplätze, allerdings nur einen mit direktem Blick auf den Cariboo Lake. Wer hier über ein Kanu verfügt, kann den See und einen Teil des von Nordosten her mündenden Flusslaufes des Cariboo River erkunden. Der Fluss ist Teil des Cariboo River Provincial Park.

Paddeltour über den Cariboo Lake

Für diesen See ist das aufblasbare Zweier-Kajak gut geeignet. Am Morgen wirkt das Wasser wie ein riesiger Spiegel, nur ab und an von Wellen springender Fische durchbrochen. Aber ansonsten begleitet himmlische Ruhe die eintauchenden Paddel und das leichte Rauschen des Bootes beim Gleiten durch das Wasser des Sees. An seinem Nordende mündet der Cariboo River. Sandbänke bieten die Gelegenheit zum Anhalten und Beobachten, ob sich Elche oder andere Tiere zeigen.

Einfache Recreation Site am Cariboo Lake

Am Abend zeigt sich die Milchstraße in ihrer ganzen Pracht. Keine künstliche Lichtquelle stört, und am See auf einem Baumstamm sitzend, kann man Sternbilder erkennen und Sternschnuppen verglühen sehen.

Vom Ladies Creek Campground aus führt die Straße weiter durch Wald, und ab und an sind die Bergketten

Matthew River Falls

der Cariboo Mountains am Horizont erkennbar. Mit dem Erreichen des Ausgangspunktes zur Wanderung auf dem Cameron Ridge Trail, endet die Markierung der Straße mit der Nummer 8400. Ab hier wird sie zur Straße mit der Nummer 3100. Die Berge begleiten nun die Reisenden und nach weiteren 20 Kilometern zweigt die Straße zum Cariboo Mountain Provincial Park ab.

Abseits jeglicher Zivilistation verläuft die Zufahrt als raue Gravel Road bergauf zum Ghost Lake Campground. Zuvor überquert sie den Matthew River und damit den unteren Teil der Ghost Lake Falls. Mit Erreichen des Campground gelangt man zu einem Pfad, der nach wenigen Metern den Blick freigibt auf die spektakulären Upper Ghost Lake Falls. In mehreren Armen, über einen breiten Felsvorsprung hinweg, stürzt das Wasser in die Tiefe. Ein grandioses Naturschauspiel, das man fernab jeglicher Touristengruppen genießen kann.

Ghost Town Quesnel Forks

Weiter auf der Barkerville Backroad nähert man sich nun der Brücke über den vom Lanezi Lake im Bowron Lake Provincial Park her kommenden Cariboo River. Gleich anschließend steigt die Straße erneut an, wird kurvig und erreicht nach rund 30 Kilometern den Cunningham Pass. Von hier aus geht es immer weiter talabwärts, vorbei an der Whiskey Flats Recreation Site, zum Abzweig nach Barkerville.

INFO

Anfahrt: Die Barkerville Backroad führt von Likely durch die Ausläufer der Cariboo Mountains nach Barkerville.

Unterkünfte: Für Reisende mit dem Wohnmobil bietet der Ladies Creek Campground am Cariboo Lake sechs einfache Stellplätze; *sitesandtrailsbc.ca*

Aktivitäten: Nur neun Kilometer von Likely entfernt liegt die Geisterstadt Quesnel Forks. Bestehend aus Blockhäusern samt Friedhof, vermittelt sie einen Eindruck vom Leben während des Zeit des Goldrausches. Eintritt muss man hier nicht zahlen, es gibt keine Souvenirläden, keine Cafés, nur Überreste aus den 1860er-Jahren, als der Ort mehr als 5000 Bewohner beherbergte. Mit der Gründung verbunden ist eine lange Geschichte chinesischer Besiedlung. Bis 1875 lebten und arbeiteten 200 chinesische Kauf- und Bergleute in der Stadt. Die Spuren der Vergangenheit sind heute noch auf dem Friedhof der Ghost Town zu besichtigen. Auf den Grabsteinen und Kreuzen kann man die Todesursachen der hier Begrabenen lesen. Es finden sich Inschriften wie „Getötet durch einen Bären", „Verschüttet in der Mine" und „Gestorben an einer Schussverletzung", unabhängig von der jeweiligen nationalen Herkunft und dennoch begraben an zwei voneinander räumlich getrennten Friedhöfen. Eine steile Abfahrt führt hinunter zum Fluss zur dortigen Quesnel Forks Recreation Site, mit elf Stellplätzen für Wohnmobile. Zu Fuß erreicht man von hier aus in wenigen Minuten die alten Gebäude der Ghost Town am Zusammenfluss des Cariboo River und Quesnel River.

Website: *goldrushtrail.ca*

Chilcotin: entlang des Highway 20

Einfahrt in den Ts´il?os Provincial Park

Chilcotin: entlang des Highway 20

28. Highway 20: der Freedom Highway
29. Farwell Canyon
30. Nemaiah Valley: auf der Straße ins Paradies
31. Tatlayoko Lake und Potato Peak
32. Chilko River und Chilko Lake: dort wo die Bären leben
33. Tsuniah Lake Lodge
34. Terra Nostra Guest Ranch
35. Auszeit für die Seele oder Wildniswanderungen für Outdoorfreunde
36. Drei Wanderungen rund um Kleena Kleene

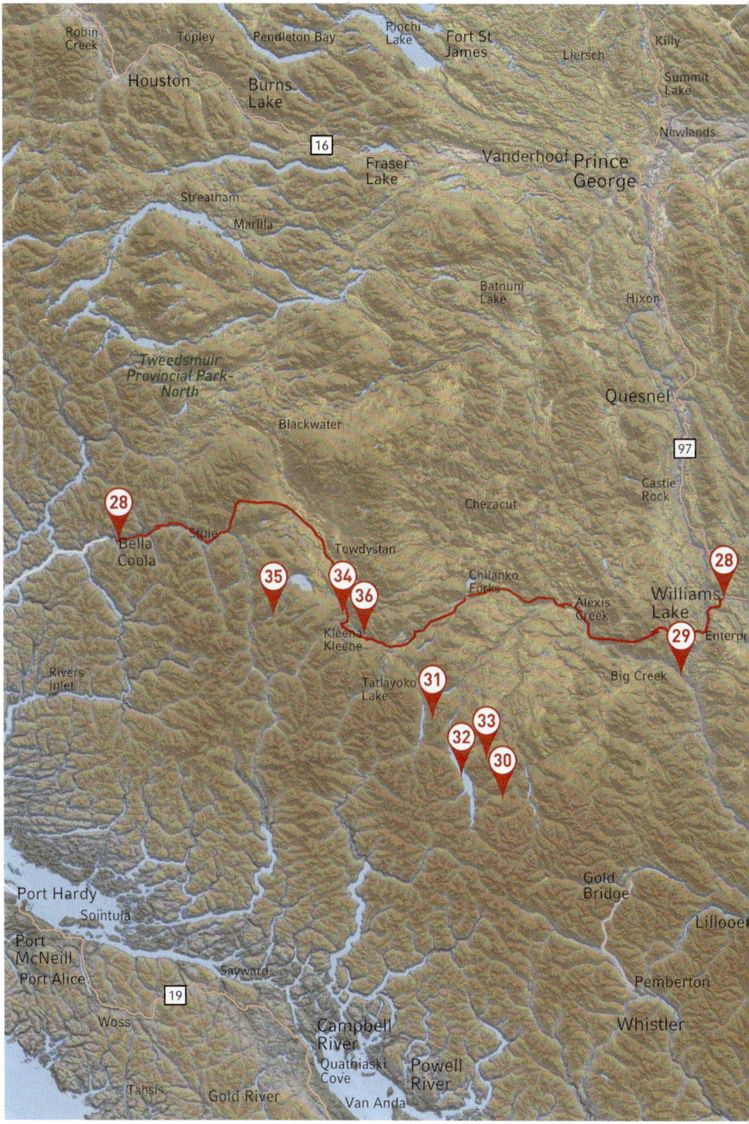
Robin Creek
Topley
Pendleton Bay
Pinchi Lake
Fort St James
Liersch
Killy
Summit Lake
Houston
Burns Lake
16
Newlands
Fraser Lake
Vanderhoof
Prince George
Streatham
Marilla
Batnuni Lake
Hixon
Tweedsmuir Provincial Park-North
Quesnel
Blackwater
97
Castle Rock
28
Chezacut
Stuie
Bella Coola
Towdystan
28
35
34
36
Chilanko Forks
Alexis Creek
Williams Lake
Kleena Kleene
29
Enterpr
Rivers Inlet
Tatlayoko Lake
31
Big Creek
33
32
30
Gold Bridge
Port Hardy
Sointula
Lillooet
Port McNeill
Port Alice
Sayward
19
Pemberton
Woss
Campbell River
Whistler
Quathiaski Cove
Powell River
Tahsis
Gold River
Van Anda

28. Highway 20: der Freedom Highway

Die Hauptverbindungsstraße des Chilcotin ist der Highway 20, der über 450 Kilometer von Williams Lake nach Bella Coola führt. Er durchschneidet die Chilcotin Region und trennt sie mit seinem grauen Band in Nord und Süd. An seinem Horizont ragen die eindrucksvollen Coast Mountains, mit den höchsten Gipfeln British Columbias, in den Himmel. Die landschaftlichen Highlights der Region liegen abseits dieses Highways in den Coast Mountains oder im Ranchland des Hochplateaus.

Highway 20 mit Blick auf die Coast Mountains

Der Chilcotin ist Cowboyland, open Ranchland, das Land der Weiden und Zäune, wie die Region von den Einheimischen liebevoll genannt wird. Und so kann es jederzeit und überall auf dem Highway passieren, dass Pferde oder Rinder entlang der Straße grasen oder gar mitten auf dem Highway stehen oder laufen.

Eine Vielzahl von kostenlosen Recreation Sites bieten Wohnmobilreisenden die Gelegenheit zum Übernachten auf versteckten Plätzen, mitten im Wald oder an einsamen Seen gelegen.

Wer mit dem Pkw unterwegs ist, findet Ranches und Lodges, die den typischen wilden Westen repräsentieren. Hier lassen sich Reiterferien realisieren, und man kann einen Einblick in das Leben eines echten Cowboys erhalten. Fischen, Wandern, Kanu fahren

Brücke über den Fraser River

und natürlich die Beobachtung von Grizzlybären beim Lachsfang bilden die touristischen Highlights der Region.

Von Williams Lake her kommend windet sich der Highway zunächst hinauf aus dem Tal und überquert die markante Brücke über den Fraser River. Dahinter beginnt die Weite des sich zu den Coast Mountains hin öffnenden Chilcotin Plateau. Wie auf keinem anderen Highway in British Columbia spürt man hier den Pioniergeist der vergangenen Jahrhunderte. Es scheint, als bliebe die Zivilisation zurück und man tauche ein in eine andere Welt voller Natur und Abenteuer.

Weiter westwärts erreicht man den am Chilcotin River liegenden Bull Canyon Provincial Park. Von hier aus lassen sich in den hohen Felsen des Canyons Höhlen erkennen. Sie dienten den First Nations während des Chilcotin-Krieges mit europäischen Straßenbauarbeitern als Rückzugsorte.

Ab Tatla Lake ändert sich das Landschaftsbild. Die sanften Hügel und Seen weichen den in der Ferne erkennbaren Bergen und der am Horizont verlaufenden Bergkette der Coast Mountains. Die Gegend ist dünn besiedelt, sie wird rauer und ursprünglicher.

Vorbei an Kleena Kleene und dem Nimpo Lake, durchfährt man das Städtchen Anahim Lake. Kurz danach wird der Highway zur Gravel Road. Sie verläuft zunächst durch den Tweedsmuir Provincial Park South und erreicht auf einer Passhöhe von 1524 Metern den Heckman Pass, oder „The Hill“, wie er respektvoll von den Einheimischen genannt wird. „Freedom Road“ lautet seine andere Bezeichnung. Dieser Name ist auf das Engagement der Bewohner zurückzuführen, die in den 1950er-Jahren entschieden, die Straßenverbindung von Bella Coola in das Landesinnere in Eigeninitiative zu vollenden, nachdem sich die Regierung British Columbias aus Kostengründen geweigert hatte, die Straße mit öffentlichen Mitteln zu bauen.

Heckman Pass

Zum Teil in Serpentinen und mit bis zu 18 Prozent Gefälle, führt die Straße steil bergab in das Bella Coola Valley. Leitplanken gibt es keine und überall warnen Schilder vor Steinschlag. Gegenverkehr ist meist schon von Weitem erkennbar und angelegte Ausweichstellen bieten auch größeren Fahrzeugen Platz. Wichtig ist schon bei Beginn der Reise über den Highway 20 in Williams Lake auf die Leuchttafel am Straßenrand zu achten, die anzeigt, ob der Pass geöffnet ist. Auf den ersten Blick scheint der Heckman Pass für Reisende eine Herausforderung. Doch wer vorsichtig und vorausschauend fährt, überwindet die Passstraße ohne Probleme. Selbst Lkw, Pkw mit Bootsanhängern und große Wohnmobile sind hier unterwegs.

Ab dem Atnarko River Campground ist die Straße wieder asphaltiert. Ruhig verläuft sie durch das dicht bewaldete Bella Coola Valley, bis sie Firvale erreicht. Entlang des Bella Coola River durchquert die Straße nun offene Wiesen und Ranchland, die am Horizont von majestätischen Bergen begrenzt sind. Über Hagensborg verläuft der Highway 20 weiter bis nach Bella Coola, der Stadt am Pazifik.

INFO

Lage: Der Highway 20 verbindet über 452 Kilometer die Städte Williams Lake und das am Pazifik liegende Bella Coola. Er durchquert über weite Teile hin das Chilcotin Hochplateau, bevor er sich ab Tatla Lake den Coast Mountains nähert. Über den Heckman Pass führt er hinunter in das Bella Coola Valley und endet am Pazifik.

Orte von Ost nach West:

- Kilometer 46: In Riske Creek zweigt die Farwell Canyon Road ab.
- Kilometer 90: In Hanceville zweigt die Straße in das Nemaiah Valley ab. Die ehemalige Tankstelle Lee´s Corner ist den Waldbränden zum Opfer gefallen.
- Kilometer 114: In Alexis Creek gibt es ein Visitor Centre mit Sani Dump Station und gegenüber einen Grocery Store und einen Liquor Store.
- Kilometer 120: Nach Alexis Creek erreicht man den Bull Canyon Provincial Park.
- Kilometer 147: In Redstone betreibt ein Schweizer Ehepaar das KiNiKiNik Restaurant und Gästehaus.
- Kilometer 221: In Tatla Lake zweigt die Straße zum Tatlayoko Lake, zur Chilko River Lodge und zum Ts'il?os Provincial Park ab. Hier gibt es ein Grocery Store und eine Tankstelle.
- Kilometer 261: Einfahrt zur Terra Nostra Guest Ranch
- Kilometer 286: Abzweig zum Charlotte Lake
- Kilometer 296. Nimpo Lake, Basis für Rundflüge mit dem Wasserflugzeug
- Kilometer 314: Anahim Lake – der asphaltierte Teil des Highway 20 endet hier.
- Kilometer 349: Osteingang des Tweedsmuir Provincial Parks South
- Kilometer 356: Heckman Pass, 1524 Meter Höhe
- Kilometer 376: Atnarko River Campground – ab hier ist die Straße wieder asphaltiert.
- Kilometer 377: Sani Dump Station des Tweedsmuir Provincial Parks South
- Kilometer 392: Fisheries Pool Campground
- Kilometer 432: Hagensborg
- Kilometer 449: Ortseingang Bella Coola

Hinweise: Am Beginn des Highway 20 in Williams Lake informiert eine Leuchttafel darüber, ob der Heckman Pass in den Coast Mountains für den Verkehr geöffnet ist.

29. FARWELL CANYON

Von Hanceville her kommend windet sich die Straße in langgezogenen Kurven hinab in das Tal des Chilcotin River. Vor allem im Herbst sorgen die gelben Blätter der Laubbäume, das sandfarbene Gestein des Canyons und das Grün des Flusses für ein Farbenspiel der besonderen Art.

Farwell Canyon

Von Williams Lake aus erreicht man den Canyon über die Farwell Canyon Road, die bei Riske Creek links abbiegt. Durch ausgedehnte Wiesen und kleine Wälder führt die Gravel Road hinab in das Tal des Chilcotin River. Schon aus der Ferne ist der Canyon in seiner gesamten Ausdehnung gut zu überschauen. Immer wieder laden Haltebuchten zu einem Stopp ein und Schautafeln informieren über den Canyon und seine Tier- und Pflanzenwelt.

Kurz vor der Brücke über den Chilcotin River kann das Fahrzeug in einer Haltebucht geparkt werden. Von hier aus sind es nur wenige Meter zu Fuß hinab zum Fluss. Die Wände des Canyons, geformt aus wüstentrockenem Kalk- und Sandstein, sind mit Hoodoos und anderen faszinierenden, aus Wasser gebildeten Formationen versehen. Wanderer können oberhalb des Canyons die Sanddünen durchstreifen. Und auch Mountainbiker aus der Umgebung nutzen den Canyon für ihre Touren.

Seit Jahrhunderten ist der Farwell Canyon traditionelles Lachsfanggebiet der First Nations. An den steilen Felswänden unterhalb der Brücke, angeseilt und von anderen gesichert, versuchen sie geschickt mit Keschern die Lachse aus dem Fluss zu heben. In der Zeit der Lachswanderung, meist im Spätsommer, lässt sich dieses beeindruckende Schauspiel von der Brücke oder vom Fluss aus gut beobachten.

Südwestlich der Brücke befindet sich der Junction Sheep Range Provincial Park, ein knapp 4500 Hektar großes Naturschutzgebiet, in dem ungefähr 500 kalifornische Dickhornschafe leben. Mit etwas Geduld und Glück kann man die Tiere zwischen den Hoodoos beobachten.

Schwarzbär am Farwell Canyon

Wenige Hundert Meter hinter der Brücke führt ein Weg hinab zum Fluss. Alte, zerfallene Blockhütten lassen die Erinnerung an die Zeit der ersten Siedler in der Region aufleben. Von hier hat man einen guten Blick auf die Felswände des Canyons mit den Hoodoos und bizarren Gesteinsformationen.

Hoodoos

Wer seinen Weg Richtung Bella Coola fortsetzen will, kann die Gravel Road Richtung Hanceville weiterfahren. Nach rund einer Stunde Fahrzeit wird der Abzweig zur Big Creek Road erreicht. Sie führt nach Norden und mündet bei Hanceville wieder auf den Highway 20.

Der Chilcotin River schlängelt sich durch den Canyon

Reisende in Wohnmobilen können am Fletcher Lake und der dortigen Recreation Site einen Zwischenstopp einlegen. Der einfache Campground ist mit Tischen, Bänken und Feuerstellen ausgestattet und kann kostenfrei genutzt werden

INFO

Lage: Der Farwell Canyon liegt südlich des Highway 20 am Chilcotin River.

Anfahrt: In Riske Creek, 46 Kilometer westlich von Williams Lake gelegen, zweigt die Farwell Canyon Road nach Süden ab und verläuft über den Chilcotin River, vorbei am Farwell Canyon, bis nach Hanceville. Das bedeutet einen Mehraufwand von 50 Kilometern Fahrstrecke.

Unterkunft:

- Fletcher Lake Recreation Site: direkt am See, sechs einfache Stellplätze für Wohnmobile; 25 Kilometer vor Hanceville und dem Highway 20 gelegen; *sitesandtrailsbc.ca*

30. NEMAIAH VALLEY: AUF DER STRASSE INS PARADIES

„Die unbefestigte Straße in das Nemaiah Valley scheint kein Ende nehmen zu wollen. Sie muss an das Ende der Welt führen, tatsächlich, denn danach beginnt das Paradies." Diese Aufzeichnungen aus unserem Reisetagebuch von 2011 kommen uns wieder in Erinnerung, als wir im September 2021 das Tal erneut besuchen. Es hat in all den Jahren nichts von seiner landschaftlichen Schönheit verloren.

In Hanceville zweigt die Straße in das Nemaiah Valley nach Süden ab. Nach der Überquerung des Chilcotin River führt die Taseko Lake Road durch das Reservat der Yunesit'in First Nations, Stone Indian Reserve No. 1.

Es ist geschichtsträchtiges Land. Ansiedlungen europäischer Siedler finden sich, bis auf wenige Ausnahmen, hier nicht. Das ist auf den Chilcotin-Krieg zurückzuführen, einem Aufstand der Tsilhqot'in First Nations gegen Alfred Weddington, einem Europäer, der 1864 eine Vermessungsexpedition in das Tal führte. Man wollte nach Möglichkeiten suchen, den Weg für den Transport von Gold aus Barkerville über das Bute Inlet in den Pazifik, zu verkürzen. Als Weddington ohne Erlaubnis mit einem Bautrupp in das Gebiet der First Nations eindrang, kam es zu blutigen Auseinandersetzungen, bei denen 14 Arbeiter getötet wurden. In der Folge lockte man die Anführer der Tsilhqot'in mit der Aussicht auf Friedensgespräche nach Quesnel, wo man sie nach einem Gerichtsurteil erhängte.

Mount Tatlow

Nach rund 75 Kilometern erreicht man Davidson Bridge. Hier befindet sich die gleichnamige Recreation Site mit zwei

HINWEIS ZU DEN TIPPS 30 BIS 33

Am 6. Juni 2014 übergab der Supreme Court of Canada den First Nations der Xeni Gwet'in 1700 Quadratkilometer Land zurück. Das Gebiet umfasst u. a. das Nemaiah Valley und den Chilko Lake. Seit der Rückgabe des Landes gibt es zwischen den First Nations und anderen dort lebenden Bewohnern unterschiedliche Auffassungen über getroffene Entscheidungen, nicht alle aktuellen Regelungen finden Verständnis und Zustimmung. So wurde im August die Zufahrt zum Chilko Lake mit der Begründung gesperrt, dass Konflikte zwischen Bären und Menschen verhindert werden sollen. Die Zufahrtsstraße muss aber auch von Besucherinnen und Besuchern der Chilko River Lodge, der Tsuniah Lake Lodge und anderer Unterkünfte am Chilko Lake, des Campgrounds des Provincial Parks oder denjenigen befahren werden, die zum Tullin Mountain wandern möchten. Daher empfiehlt es sich vor einer Fahrt zu Zielen in der Gegend bei Gastgebern oder der Verwaltung der Xeni Gwet 'in über aktuelle Regelungen zu erkundigen.

Websites:

- *xeni-gwetin.ca/*
- *tsilhqotin.ca/declared-title-area/*

Stellplätzen für Wohnmobile. Nach dem Überqueren des Flusses führt die Nemaiah Valley Road hinein in das fruchtbare Tal.

Ab hier ist zeigen sich die Coast Mountains im Panoramablick am Horizont. Die mit 3066 Metern höchste Erhebung, der Mount Ts'yl-os (Mount Tatlow), ist in den Erzählungen der Xeni Gwet'in First Nations der Wächter des Tales. Er verändere für Eindringlinge drastisch das Wetter und schütze so seine Bewohner.

Vorbei am Big Lake und dem Abzweig zum Vedan Lake, erreicht man nach weiteren 20 Kilometern die Ansiedlung Nemaiah Valley am wunderschön gelegenen Konni Lake. Hier leben rund hundert Personen. Es gibt eine Tankstelle, ein Waschsalon und eine Poststelle. In einem kleinen Laden bei der Tankstelle können Brot und eine

kleine Auswahl an Lebensmitteln gekauft werden und Internet ist in der Gemeinde kostenlos verfügbar.

Von hier aus sind es noch einmal 18 Kilometer bis zu zum Ts´yl?os Provincial Park, am südlichen Abschnitt des Chilko Lake. Die letzten vier Kilometer sind dabei für Fahrer und Fahrzeug eine Herausforderung. Nur langsam und mit vorsichtiger Fahrweise können sich hier Wohnmobile vorwärts bewegen. Tiefe Spurrillen und herabhängende Zweige verlangen Geschick und Geduld. Doch wer die Strecke hinter sich gebracht hat, den erwartet hier eine grandiose Landschaft.

Der smaragdgrün schimmernde Chilko Lake zieht sich weit hinab in den Süden und wird sowohl im Süden als auch im Westen von einer majestätischen Bergkette der Coast Mountains begrenzt. An der Nordseite des Nemaiah Valley trennt ein Gebirgszug das Tal von dem parallel dahinter verlaufenden Tsuniah Lake.

Im Nemaiah Valley und dem benachbarten Brittany Dreieck lebt seit der Ankunft der Europäer eine Herde von rund 200 Wildpferden. Sie sind Teil des Eagle Lake Henry Cayuse-Wildpferdereservats, das von den Xeni Gwet'in First Nations angelegt wurde, das einzige Wildpferdereservat im Westen Kanadas. Bis heute lässt sich nicht sicher nachweisen, woher die Pferde stammen. Es gibt Untersuchungen, die vermuten lassen, dass sie spanischen Ursprungs sind, aber auch über russische Wurzeln verfügen könnten.

Ausgangspunkt für Erkundungen der Gegend ist der Nu Chugh Beniz Campground des Parks. Ein kleiner Pfad führt hinauf auf ein Hochplateau. Von hier aus reicht der Blick ungehindert über den Chilko Lake, die dem Campground vorgelagerte Insel und die den See umgebenden Coast Mountains. Die Aussicht ist paradiesisch. Nur wenige Plätze in Kanada können eine solche atemberaubende Natur in einer 360-Grad-Perspektive bieten.

INFO

Lage: Das Nemaiha Valley erstreckt sich östlich des Chilko Lake bis zum Konni Lake. Es liegt malerisch eingebettet in die Bergwelt der Coast Mountains.

Unterkünfte:

- Chilcotin Sunrise Chalet am Big Lake: Abseits von allem Trubel haben die Betreiber hier in der Wildnis ihre Bleibe aufgebaut. Sie sind Selbstversorger, bewirtschaften einen Garten mit Gewächshaus, Strom kommt aus Batterien, gespeist von Solarzellen und einem kleinem Windrad. Das Frühstück und die anderen Tagesmahlzeiten werden frisch zubereitet. Gästen steht abseits des Haupthauses eine eigene Cabin zur Verfügung, urgemütlich eingerichtet mit zwei Betten und einem Holzofen, versorgt von Batteriestrom und mit Kerzenlicht. Wasser für die Körperhygiene wird in einem großen Topf auf dem Holzofen gewärmt. Im Sommer gibt es vor der Cabin eine Dusche, deren Wasser von der Sonne erwärmt wird. Auch die Toilette befindet sich außerhalb der Cabin, ebenfalls mit Strom versorgt. *chilcotinsunrisechalet.com/*

Wohnmobilreisende können zwischen mehreren Recreation Sites auswählen. Allerdings sind alle eher mit Fahrzeugen mit hoher Bodenfreiheit erreichbar. Für Wohnmobile größer als 25ft sind sie weniger geeignet.

- Davidson Bridge Recreation Site: bietet Platz für zwei Wohnmobile
- Big Lake Recreation Site: sechs Stellplätze; 12 CAD
- Vedan Lake North Recreation Site: am Vedan Lake liegend, zwei Stellplätze
- Campground im Provincial Park: 16 Stellplätze

Aktivitäten:

- Wanderung entlang der Küste des Chilko Lake und zu einer Seitenbucht des Sees. Die Landkarte am Campground des Parks zeigt den Weg.
- Besuch der First Nations Heritage Site, nördlich des Hochplateaus.

Hinweise: *fonv.ca/nemaiahvalley/*

31. TATLAYOKO LAKE UND POTATO PEAK

Warum sie sich das antue, selbst im Winter hier in der rauen Wildnis zu leben, fragten wir vor einigen Jahren die damalige, aus Heilbronn stammende Besitzerin der Driftwood Cabins am Tatlayoko Lake. Ihre Antwort war so einfach wie einleuchtend: Wir sollten doch hinausgehen und einfach auf den See schauen. Er würde uns die Argumente dafür liefern.

Tatlayoko Lake

Und in der Tat, die Kulisse am See ist grandios. Parallel zur Bergkette mit Dreitausendern, darunter der 3180 Meter hohe Niut Mountain, erstreckt sich der Tatlayoko Lake mit 25 Kilometern Länge von Nord nach Süd. Gespeist wird der See vom Homathko River, der als einer der wenigen Flüsse die Coast Mountains kreuzt und in den Pazifik, in das Bute Inlet, abfließt.

Die Berge hier sind die höchsten in den Coast Mountains. Dazu zählen unter anderem der Mount Waddington, die 3300 Meter hohe Bergkette Mount Queen Bess sowie das Homathko Icefield im Süden. Sie sind mit dem Tatlayoko Lake Valley Teil eines großflächigen, noch weitestgehend intakten Ökosystems und eine Verbindung zwischen den Regenwäldern der Pazifikküste und dem trockenen, zentralen Binnenland.

Tatlayoko Lake Road

Die Landschaft ist unberührt, ursprünglich und rau. Hier durchqueren Grizzlybären, Pumas, Wölfe und Hirsche das Tal. Am oberen Homathko-Flusszulauf bildet das Feuchtgebiet einen wichtigen Aufenthaltsort für wandernde Sing- und Wasservögel.

Hierher kommen nur Bergsteiger, Wanderer, Jäger und Angler. Für sie gibt es einsame Lodges und Campgrounds, versteckt im Tal des Tatlayoko Lake oder am südlichen Ende des Sees.

In Tatla Lake zweigt die Tatlayoko Road nach Süden ab. Als breite Gravel Road, von der weitere Straßen zum Horn Lake, Sapeye Lake und Bluff Lake im Westen und zum Chilko River und Chilko Lake im Osten führen, verläuft sie durch Wald und Ranchland, immer begleitet von majestätischen Bergketten am Horizont.

Nach 35 Kilometern wird das Nordende des Sees erreicht. Reisende mit kleineren Wohnmobilen können an der Tatlayoko Lake Northeast Recreation Site übernachten. Sie verfügt über sieben Stellplätze, ausgestattet mit Tisch, Bänken und Feuerstelle. Die Verwaltung des Platzes verantworten die Tsilhqot'in First Nations, da sich der Campground auf dem 2014 an die First Nations zurückgegebenen Land befindet.

Von hier aus startet der Wanderweg zum Potato Peak. Es ist zu empfehlen, sich den Ausgangspunkt der Wanderung zuvor von Einheimischen zeigen zu lassen. Denn der Weg verläuft ohne wesentliche Markierungen steil nach oben. Solange Pferdeäpfel und Hufspuren auf dem Weg erkennbar sind, so die Einheimischen, sei man auf dem richtigen Weg unterwegs. Denn hier verkehren Reitergruppen, die von einer Lodge am Chilko Lake zu mehrtägigen Ausritten in die Bergwelt am Tatlayoko Lake unterwegs sind und dabei in Zelten übernachten.

Vorbei an zwei kleinen Seen gelangt man nach drei Stunden zu einem Berghang, von dem aus man den Tatlayoko Lake in seiner gesamten Ausdehnung überblicken kann. Hier ist der Wanderweg wieder gut erkennbar und er führt in Richtung des Gipfels.

Doch zuvor durchquert man eine große Hochebene. Im hohen Gras äßen Rehe, die sich aber von Wanderern nicht aus der Ruhe

Potato Mountain

bringen lassen. Ab hier hilft nur Orientierungsvermögen und das Wissen, die Spitze des Berges ist oben. Das heißt, man sucht sich den Weg, der einem auf den Bergkamm des Potato Peak führt.

Vom Potato Peak hat man einen fantastischen Ausblick auf den gesamten See. Die Berge der gegenüberliegenden Seite sind mit Schnee bedeckt, und am Südende des Sees sind die Ausläufer des Homathko Icefield zu erkennen. In östlicher Richtung liegt ein kleiner See, das Groundhog Basin. So kann man den Bergkamm weiter wandern, vorbei an den Echo Lakes, an denen sich eine Berghütte von Bracewells Alpine Wilderness Adventures befindet, die gegen Gebühr benutzt werden kann.

INFO

Lage: Das Tatlayoko Valley und der gleichnamige See erstrecken sich südlich von Tatla Lake bis zu den Bergketten der Coast Mountains am südlichen Abfluss des Homathko River.

Anfahrt: Man erreicht das Tal und den See von Tatla Lake aus über die Tatlayoko Road nach Süden.

Unterkünfte:

- Homathko River Inn und Circle X Ranch: werden von der in der Gegend bekannten und geschätzten Familie Bracewell betrieben. Alf Bracewell war der Bulldozer-Fahrer, der von Anahim Lake aus am Bau der „Freedom Road“, des Highway 20 über die Coast Mountains, beteiligt war. Die Zimmer des B&B sind gemütlich eingerichtet, und wer sich gerne einmal als Cowboy oder Cowgirl betätigen möchte, kann auf der Ranch mithelfen, *homathkoriver.com*
- Tatlayoko Lake Northeast Recreation Site: sieben Stellplätze, ausgestattet mit Tisch, Bänken und Feuerstelle; *sitesandtrailsbc.ca*

Aktivitäten:

- Ausflug zum Horn Lake und Sapeye Lake
- Hubschrauberrundflug über das Homathko Icefield und die Coast Mountains mit White Saddle Air Services vom Bluff Lake aus; *whitesaddleair.com*

32. Chilko River und Chilko Lake: dort wo die Bären leben

Fast noch ein Geheimtipp für die Beobachtung der majestätischen Grizzlybären ist der nördliche Teil des Chilko Lake und der daraus abfließende Chilko River. Ende August, Anfang September, wenn die Wanderung der Lachse zum Chilko Lake beginnt, kommen die Bären aus den Bergen hierher, um sich für den Winterschlaf einen dicke Fettschicht anzufressen. Sie tauchen plötzlich überall am Ufer auf, stehen in der Mitte des Flusses oder auf einer der zahlreichen Sandbänke und halten ihr Festmahl. Investoren haben das damit verbundene Potenzial erkannt und am Nordende des Sees Bärenresorts aufgebaut. In kleinen Booten werden die Gäste am Ufer entlang gefahren, um die Tiere gut beobachten zu können. Das hat in den letzten Jahren etwas von der Unberührtheit der Region genommen.

Chilko Lake North

Es sind 63 Kilometer Gravel Road von Tatla Lake am Highway 20 bis zum nördlichen Ende des Chilko Lake. Über die Tatlayoko Road führt der Weg vorbei am Abzweig zum Eagle Lake, erreicht den Cochin Lake und hier zweigt die Chilko Lake Road, oder Henry´s Crossing, ab zum See.

Bevor man den Chilko River erreicht, passiert man den Choelquoit Lake. Hier befindet sich, hinter kleinen Sanddünen versteckt, die gleichnamige Recreation Site mit zwei Stellplätzen. Ein Sandstrand und ein wunderschöner Blick auf die Bergkette des Nuit Mountain machen den Campground zu einem Ausflugsziel.

Choelquoit Lake

Von hier aus sind es noch 15 Kilometer bis zum See. Zuvor aber zweigt eine Straße zur Chilko River Lodge ab. Unter Schweizer Leitung liegt diese Lodge, mit Haupthaus und fünf kleinen Blockhäusern, idyllisch am Chilko River. Für Wohnmobile gibt es rustikale Stellplätze mit sehr einfachen sanitären Anlagen. Für viele Besucher lebt hier noch das wahre Kanada. Fernab von jeglichem Massentourismus, rau aber mit Herz, beschreiben die Gäste aus der Schweiz, Deutschland, Österreich und vielen anderen Ländern der Erde ihren Aufenthalt dort.

Über einen kleinen Pfad gelangt man zum Chilko River, der hinter der Lodge seinen Weg nimmt zum Chilko Lake. Wie ein rotes Band, das sich an beiden Uferseiten entlang zieht, wandern im Spätsommer und Herbst die hunderttausende Lachse zu ihrem Laichgebiet am Chilko Lake. Am erhöhten Ufer des Flusses steht eine Bank. Wer ausreichend Geduld mitbringt, kann hier warten, bis sich die Bären zeigen.

Tatlayoko Henry´s Crossing Road

Dabei gilt auch auf dem Gelände der Ranch entsprechende Vorsicht walten zu lassen. Die Bären machen vor Grundstücksgrenzen nicht Halt. Zwar widmen die Tiere

Grizzly am Chilko River

dem Menschen in der Regel keinerlei Aufmerksamkeit, wenn sie auf der Jagd nach Lachsen sind, dennoch muss man die direkte Begegnung mit den Tieren vermeiden.

Wohnmobilreisende auf dem Weg zum Ts'il?os Provincial Park passieren den Abzweig zur Chilko River Lodge und fahren noch 13 Kilometer weiter bis zum Gwedat´sih Campground am Eingang des Parks. Allerdings empfiehlt es sich, schon bei dem Verlassen des Highway 20 in Tatla Lake, auf entsprechende Hinweisschilder zu achten oder vorab auf der Webseite des Parks nach möglichen Restriktionen zu schauen. Denn der Campground wird immer dann geschlossen, wenn sich die Zahl der nach Lachsen fischenden Bären am Nordende des Sees erhöht und die Sicherheit der Besucher nicht mehr gewährleistet werden kann.

Blick vom Tullin Mountain auf den Chilko Lake

Vom Campground aus führt eine Halbtageswanderung zum Tullin Mountain. Die Sicht vom Gipfel über den gesamten Chilko Lake ist großartig. Zunächst führt der schmale Pfad steil den Berghang hinauf, durch dichten Wald und über Bergwiesen. Unterwegs kann das weite Chilcotin Plateau überblickt werden. An einer Weggabelung, die nach rechts zum Potato Peak am Tatlayoko Lake führt, heißt es, sich links zu halten. Nach wenigen Kilometern erreicht man eine kleine Hochebene und den Berggipfel.

INFO

Lage: Der Chilko Lake liegt eingebettet in die Bergketten der Coast Mountains. Er ist 65 Kilometer lang und liegt auf 1172 Metern Höhe. Von seinem Nordende fließt der Chilko River ab, der in den Chilcotin River mündet

Anfahrt: Man erreicht den Ts'il?os Provincial Park am Nordende des Sees und die davor am Chilko River liegende Chilko River Lodge von Tatla Lake aus über die Tatlayoko Road nach Süden. Am Cochin Lake zweigt die Chilko Lake Road nach links ab und erreicht nach 40 Kilometern den Chilko Lake.

Unterkünfte:

- Chilko River Lodge: unter Schweizer Leitung. Sie verfügt über fünf Gäste-Blockhütten und rustikale Stellplätze für Wohnmobile und Zelte. Im Gemeinschaftshaus werden die Mahlzeiten eingenommen, zu denen sich auch Wohnmobilreisende anmelden können; *chilkoriverlodge.ca*
- Gwedat´sih Campground im Ts'il?os Provincial Park: verfügt über acht einfache Stellplätze; *bcparks.ca/explore/parkpgs/tsilos*
- Choelquoit Lake Recreation Site: zwei Stellplätze; *sitesandtrailsbc.ca*

Aktivitäten:

- Beobachtung von Grizzlybären in der Zeit der Lachswanderung
- Tageswanderung zum Tullin Mountain
- Bootsfahrt von der Chilko River Lodge zum Chilko Lake
- Reittouren unterschiedlicher Dauer
- Ausflug zur Tsuniah Lake Lodge und Wanderung zum Chilko Lake

33. Tsuniah Lake Lodge

Die Zeit und das Leben im „Wilden Westen", das wir in Deutschland meist nur aus „Cowboyfilmen" oder Romanen kennen, ist für viele heutige Bewohner British Columbias Teil ihrer jüngsten, persönlichen Familiengeschichte. Dazu zählen auch die Brebners. Sie bauten sich in der Wildnis am Tsuniah Lake in der Chilcotion Region, 220 Kilometer von Williams Lake entfernt, in den 1950er-Jahren des vergangenen Jahrhunderts ihre Lodge, die heute nicht nur Gästen einen unvergesslichen Aufenthalt, sondern ihnen und ihren Familien eine nahezu paradiesische Heimat bietet. Längst nicht so romantisch und idyllisch, wie in so manchem Western erzählt, erbauten sie mit eigener Hände Arbeit und mit Unterstützung der Native People aus dem Nemaiah Valley an diesem Ort ihre Bleibe. Mit der Begeisterung für Pferde und die Fliegerei wurde aus der Tsuniah Lake Lodge das, was sie heute ist, eine „Fly In Lodge" im Herzen der Chilcotin Region.

Rund 70 Jahre sind seither ins Land gezogen. Inmitten mehrerer Blockhäuser, die Familien und Gästegruppen nicht nur ausreichend Platz, sondern auch einen gemütlichen Aufenthalt versprechen, liegt das Wohn- und Gästehaus der Lodge. Eckwinkelfenster lassen die Sonnenstrahlen über die Kaffeekanne aus der Gründerzeit der Lodge gleiten und geben den Blick auf die Berge frei. Liebevoll angeordnete Blumenbeete sorgen für Farbtupfer in dem satten Grün der endlos scheinenden Wälder. Wie vor vielen Jahren grasen am Ende des kleinen Flugplatzes die Pferde.

Cabin bei der Lodge

Die zehn Blockhütten, mit jeweils zwei Schlafzimmern, einem Bad und einem Wohnzimmer, bieten den Gästen allen erdenklichen Komfort, Wenn abends das Feuer im Kamin knistert und der Blick aus dem Fenster über die umliegende Bergwelt gleitet, dann ist der Moment gekommen, um die Seele baumeln zu lassen. Die spürbare Ruhe und die Abgeschiedenheit der Lodge bieten dazu auf alle Fälle die Gelegenheit.

Tsuniah Lake

Im Haupthaus können die frisch zubereiteten Mahlzeiten eingenommen werden. Täglich wird zur Kaffeezeit frisch gebackener Kuchen angeboten. Im Haus selbst finden sich überall Erinnerungen an die Aufbauzeit der Lodge. Eine alte Telefonanlage, Bilder von Pferdefuhrwerken und dem Bau des Zufahrtsweges, der Jagdhütte in den Bergen oder des Sees als Parkplatz für Wasserflugzeuge. Wer sich ein wenig für die junge Geschichte British Columbias interessiert, findet mit der Besitzerfamilie interessante und offene Gesprächspartner.

Tsuniah- und Chilko Lake

Wer seinen Aufenthalt aktiv gestalten will, für den gibt es zahlreiche Möglichkeiten. Über einen Forstweg besteht die Möglichkeit zum Chilko Lake zu wandern oder mit dem ausgeliehenen Rad zu fahren. Insbesondere in der Zeit der Rückkehr der Lachse in den See, muss man sich allerdings auf die Anwesenheit von Bären einstellen. Der Blick am See auf die grandiose Bergwelt der Coast Mountains belohnt seine Besucherinnen und Besucher.

Die Besitzer der Lodge sind Pferdeliebhaber und -züchter. Wer also gerne reitet, vielleicht sogar Reiterfahrung und Pferdeleidenschaft mitbringt, der findet hier die Gelegenheit zu Touren in außergewöhnlicher Natur und die Möglichkeit bei der Pflege und Versorgung der Tiere mitzuhelfen.

Tankstelle für die Flugzeuge

Der Tsuniah Lake ist ein Paradies für Angler. Vor allem aus den USA, aber auch Kanada selbst, fliegen Piloten mit ihren kleinen Maschinen zur Lodge, um hier zu fischen. Vor allem Regenbogenforellen können hier geangelt werden. Die Lodge stellt sowohl Angelutensilien, Boote und Räucheröfen zur Verfügung.

Hier in der Wildnis der Chilcotin Region gehört das Paddeln mit dem Kanu zum unvergesslichen Erlebnis eines Kanadaaufenthaltes. Der See und die Lodge bieten dazu die entsprechende Möglichkeit. Wenn am frühen Morgen die Oberfläche des Sees noch still liegt und sich die umliegenden Berge darin spiegeln, das Paddel durch das Wasser gleitet, lassen sich am Ufer mit Glück auch Rehe, Bären oder gar Elche beobachten.

Haupthaus der Lodge

INFO

Lage: Die Tsuniah Lake Lodge liegt am südlichen Westufer des Tsuniah Lake, parallel zum Nemaiah Valley und von diesem durch die Gebirgszüge des Klokon Peak und Mount Nemaiah getrennt.

Anfahrt: Von Williams Lake aus erreicht man die Tsuniah Lake Lodge über den Highway 20. In Tatla Lake zweigt man auf die Tatlayoko Lake Road ab und folgt am Cochin Lake nach links der Chilko Lake Road. An Henry´s Crossing, kurz vor Erreichen des Chilko Lake, führt eine Brücke über den Chilko River. Ab hier folgt man der rauen unbefestigten Straße bis zum Eingang der Lodge.

Unterkunft: Die Tsuniah Lake Lodge verfügt über zehn gemütlich eingerichtete Blockhütten mit zwei Schlafzimmern und eigenem Bad.

Aktivitäten:

- Reitausflüge
- Kanu fahren auf dem Tsuniah Lake
- Angeln
- Wandern (bei Bergtouren ist Wildniserfahrung notwendig)
- Ausflug zur Tsuniah Lake Lodge und Wanderung zum Chilko Lake

Website: *tsuniahlakelodge.com*

34. Terra Nostra Guest Ranch

Auf der Fahrt von Williams Lake in Richtung der Coast Mountains ziehen sich die Berge majestätisch am Horizont entlang. Rechts und links des Highway grasen Rinder und Pferde auf offenen Weiden, und immer wieder weisen Schilder auf Seen und Recreation Sites hin. Nur vereinzelt kommen Fahrzeuge aus Richtung Bella Coola entgegen.

Terra Nostra Guest Ranch

Am Clearwater Lake, nicht zu verwechseln mit dem gleichnamigen See im Wells Gray Provincial Park, passiert man zunächst die Einfahrt zu der Recreation Site des Sees. Die zwei Stellplätze liegen am Rande des Sees, umgeben von dichtem Tannenwald. Nur wenige Hundert Meter weiter weist auf der linken Seite des Highway eine große Tafel auf die Einfahrt zur Terra Nostra Guest Ranch hin.

Der Weg führt zunächst durch Kiefernwald zu einem Gatter, das nach der Durchfahrt wieder geschlossen werden muss. Nach einem zweiten Tor lichtet sich der Wald, und auf einer großen Wiese grasen Pferde. Der Clearwater Lake schimmert blau im Licht der Sonne. Am Horizont erheben sich erhaben die schneebedeckten Ausläufer der Coast Mountains. Die Blockhäuser der Ranch liegen dem See gegenüber und runden das gesamte Bild ab. Kanada, wie es typischer nicht sein könnte.

Clearwater Lake bei Kleena Kleene

Unter Schweizer Leitung bietet die Ranch Platz für bis zu 24 Gästen. Die Gästezimmer sind in Blockhütten mit Bad und WC oder im Haupthaus der Ranch untergebracht. Die Innenausstattung der Ranch, Tische und Mobiliar, ist vollständig aus massivem Holz und in Eigenarbeit erstellt. Ein Kaminofen unterstreicht die urige Gemütlichkeit der Unterkunft.

Zu den Outdoor-Aktivitäten der Ranch gehört die Kanutour über den Clearwater Lake genauso, wie die anschließende Wanderungen durch die Wälder und über die Hügel des Chilcotin Plateau. Wer gerne reitet, kann hier zu einfachen bis mehrstündigen Touren aufbrechen.

Christoph, der Besitzer der Ranch, bietet drei Touren mit einem fünfsitzigen Quad an, mit dem diejenigen in die Wildnis Kanadas eintauchen können, die nicht reiten oder lieber in ortskundiger Begleitung mit dem ATV in der Natur unterwegs sind.

Neben der Fahrt entlang des Klinaklini River bis zu den Wasserfällen und dem Ausflug zu dem Big Stick Lake mit seinem Sandstrand verspricht die Fahrt in die Sanddünen ein ganz besonderes Erlebnis.

In dem offenen Fahrzeug mit seinen grobstolligen Reifen finden neben dem Fahrer vier weitere Personen Platz. Zunächst über das Ranchgelände, durch Kiefernwald und über den Highway 20 verläuft die Tour über schmale, von Tannen und Kiefern umsäumten Pfaden. Kleine, umgefallene Baumstämme oder dicke Wurzeln sind für das ATV kein Hindernis. Der Wald hier ist ursprünglich und nahezu unberührt. Die jetzt genutzten Waldwege mussten in mühsamer Arbeit mit Harke, Axt und Kettensäge angelegt werden, um auf einem Hügel in vier Kilometer Entfernung von der Ranch einen Funkmast für deren Versorgung mit Internet aufzustellen.

Quadtour

Nach einer 20-minütigen Fahrt verändert sich der Waldboden. Er wird sandig und zu einer Dünenlandschaft. Beinahe surreal wirkt der Wald. Ein Eindruck, der durch ein Nest des Fischadlers auf einem einsam stehenden, kahlen schwarzen Baumstamm noch verstärkt wird.

Eine weitere Besonderheit hat hier die Natur selbst geschaffen. Die Bäume, viele davon umgestürzt und kahl, weisen eine verdrehte Rinde auf. Sie wachsen dem Licht und damit der in unterschiedlicher Position stehenden Sonne entgegen und haben über Jahrzehnte oder gar Jahrhunderte eine Rinde geformt, die an Korkenziehermuster erinnert.

Und selbst die auf der Erde liegenden Baumstämme mit ihren bizarr in alle Himmelsrichtungen weisenden, weißgrau gefärbten Ästen, scheinen noch Leben zu beinhalten. Moose haben sich auf ihnen angesiedelt, und vereinzelte Blätter an den Spitzen der Zweige sind erkennbare Anzeichen dafür.

Nach kurzer Weiterfahrt wird der Hügel erreicht, und von hier aus reicht der 360-Grad-Blick über die grandiose Landschaft des Chilcotin. Der Mount Waddington und die Gebirgszüge der Coast Mountains begrenzen den Horizont im Süden und Westen, und der One Eye Lake im Südosten vervollständigt eindrucksvoll das Bild.

90 Minuten dauert die Fahrt, die ein völlig anderes Bild der Chilcotin Region zeigt, als man es von der Fahrt über den Highway 20 kennt.

INFO

Lage: Die Terra Nostra Guest Ranch liegt am Nordostufer des Clearwater Lake am Highway 20. Nach Bella Coola sind es 194 Kilometer und nach Williams Lake 261 Kilometer.

Anfahrt: Von Bella Coola und Williams Lake aus erreicht man die Terra Nostra Guest über den Highway 20. Am Clearwater Lake befindet sich die Einfahrt zur Ranch westlich des Highway.

Unterkünfte:

- Die Ranch verfügt über vier Gästezimmer im Haupthaus. Darüber hinaus gibt es in zwei gemütlichen Blockhütten weitere Gästezimmer mit eigenem Bad, Toilette und Dusche.
- Die Stellplätze für Wohnmobile und Zelte verfügen über Wasser- und Stromanschluss. Eine separate Dusche kann kostenlos genutzt werden.

Aktivitäten:

- Reitausflüge
- Kanu fahren auf dem Clearwater Lake
- Rundflug vom See aus mit dem Wasserflugzeug über die Coast Mountains
- Wildnistour mit dem Quad in die Einsamkeit des Chilcotin

Website: *terranostra-guestranch.com*

35. Auszeit für die Seele oder Wildniswanderungen für Outdoorfreunde

Schon allein der rund 20 Minuten dauernde Flug mit dem Wasserflugzeug vom Nimpo Lake aus zum Wilderness Lake in den Charlotte Alplands ist ein Erlebnis. Aber was dann folgt, ist eine Naturerfahrung die ihresgleichen sucht.

Wilderness Cabin

Wer in der am See gelegenen Wilderness Cabin der Terra Nostra Guest Ranch übernachtet, ist von einer atemberaubenden Natur umgeben. Der Blick von der Veranda der Cabin fällt über den See auf einen Gletscher des 2587 Meter hohen Wilderness Mountain. Ihm gegenüber erhebt sich ein wuchtiges Felsmassiv, das sich als Bergkette weit in die Hochgebirgslandschaft hineinzieht. Majestätisch erhebt sich auf der anderen Seite des Sees ein Bergkamm, der aber mit dem See endet.

Nachdem sich das Wasserflugzeug entfernt hat, kehrt eine ungewohnte Stille ein. Es braucht etwas Zeit, um sich mit allen Sinnen auf diese Natur einlassen zu können. Sich bewusst zu werden über die Einsamkeit, in der nicht einmal das Zwitschern von Vögeln zu hören ist, allenfalls das Plätschern von Wellen im aufkommenden Wind, den Blick einfach nur schweifen lassen, das sind unvergessliche Momente.

Blick auf den See

Die Cabin erleichtert das Ankommen Sie ist mit allem ausgestattet, was für den Alltag benötigt wird. Solarpanels liefern Strom für das Licht. Wasser kann aus den Bergflüssen rund um die Cabin entnommen und für die Küchenspüle oder als Trinkwasser genutzt werden. Der Küchenherd wird mit Gas betrieben, Töpfe und Geschirr sind vorhanden. Über eine Treppe erreicht man den Schlafraum mit Matratzenlager. Zentrales Element aber ist der Holzofen, der auch bei sonnigem Herbstwetter mit Brennholz entsprechend gefüttert werden will.

Ein Platz draußen für ein Lagerfeuer ist ebenfalls vorhanden. Unter der Cabin liegt ein Kanu und die Schwimmwesten und Paddel befinden sich in einem kleinen Schuppen hinter der Cabin. Die Toilette befindet sich im Outhouse, unweit der Cabin.

Wer den Aufenthalt nutzen möchte, um zu wandern und die Umgebung zu erkunden, hat hier unbegrenzte Möglichkeiten. Tageswanderungen unterschiedlicher Schwierigkeitsgrade sind ebenso möglich wie mehrtägige Wanderungen, die aber allesamt ein gutes Orientierungsvermögen und entsprechende körperliche Fitness

Entlang des Stewart Lake Trail

verlangen. Es sind nur wenige Pfade vorhanden, sodass man seine Wege selbst suchen und entdecken kann.

Ob die Umrundung des Sees oder der steile Aufstieg im Westen auf das dortige Hochplateau: Bei allen Wanderungen müssen kleine Bergbäche und sumpfige Grasflächen überquert und umgangen werden. Gutes Schuhwerk ist daher unbedingt empfehlenswert.

Gut machbar, auch für ungeübte Wanderer, ist das Teilstück des nördlich der Hütte verlaufenden Stuart Lake Trail. Hilfreich zum Erkennen des Wegeverlaufs sind auf Felsen aufeinander geschichtete Steine. Zunächst sind auch hier kleine Bachläufe zu überqueren, bevor sich der Weg hinauf durch Sträucher und kleine Tannenwäldchen schlängelt.

Im Herbst sind die Farben der Natur hier grandios. Überall hat Moos im Laufe der Jahre die Erde überzogen. Die gelben Blätter der Sträucher, das Grün der Bäume und das Grau des Gerölls und der Felsen bilden mit den kleinen Seen und den sich darin befindenden Inseln eine Farbenvielfalt, die nur die Natur zaubern kann.

In dieser rauen, weit überschaubaren Landschaft leben Caribous, Elche und Grizzlybären. Sie zu Gesicht zu bekommen ist eher Glücksache. Dennoch ist es gerade hier in der Abgeschiedenheit notwendig, sich bei Wanderungen entsprechend „Bear smart" zu verhalten. Mit lautem Rufen, Singen, Klatschen oder dem Benutzen von Trillerpfeifen, kann man die Tiere auf seine Anwesenheit aufmerksam machen.

Der Stewart Lake Trail kann beliebig lange gewandert werden. In seinem Verlauf führt er an mehreren Seen vorbei und endet nach rund 25 Kilometern am Stewart Lake. Dort schließt sich ein weiteres Wegenetz an, über das man zum Charlotte Lake gelangt oder in weitere Regionen des Charlotte Alpland eintauchen kann.

Die Zeit in der Hütte ist eine Auszeit für die Seele. Man gewöhnt sich an die Stille und nimmt sie quasi in sich selbst auf, wird ruhiger, hält inne und erkennt immer mehr die Kleinigkeiten in der Umgebung. Allein der Wechsel des Lichts bei der Morgen- und Abenddämmerung ist ein solches Ereignis, das seinen Höhepunkt in einer sternenklaren Nacht mit dem Blick zum Sternenhimmel erreicht.

INFO

Anfahrt: Die Wilderness Cabin ist im Sommer und Herbst nur mit dem Wasserflugzeug erreichbar. Dieses startet am Nimpo Lake, 40 Kilometer nördlich der Terra Nostra Guest Ranch, zu der die Wilderness Cabin gehört.

Hinweise:

- Für den Aufenthalt in der Cabin ist die Mitnahme der Verpflegung sowie von Schlafsäcken notwendig.
- Man muss sich bewusst darüber sein, dass sich das Wetter im Gebirge kurzfristig ändern kann, starker Wind aufkommt oder es sogar im Sommer plötzlich schneit.
- Die Gastgeber verfügen über ein Funkgerät, das Besuchern der Wilderness Cabin mitgegeben wird.
- Für Wanderungen ist die Mitnahme von Bärenspray empfehlenswert.

36. Drei Wanderungen rund um Kleena Kleene

Abseits der Hauptstraßen lassen sich von der Terra Nostra Guest Ranch rund um die Ansiedlung Kleena Kleene Wanderungen unterschiedlicher Schwierigkeitsgrade und Dauer unternehmen. Wichtig ist dabei nur, sich mit den Gastgebern über Wege und die Fahrten zum Ausgangspunkt der Wanderungen abzustimmen.

Perkins Peak

Inspiration Point

Eine Tour für alle, die Wandern gewohnt sind, beginnt mit einer Überfahrt des Clearwater Lake mit dem Kanu. Dies wird nach der Ankunft auf der der Ranch gegenüberliegenden Seite am dortigen Steg befestigt. Von hier aus führt ein rund einstündiger Weg durch den Wald hinauf zum Inspiration Point. Unterwegs ermöglicht der View Rock-Aussichtspunkt den Blick zurück auf den Clearwater Lake. Weiter über eine Feuerschneise und an manchen Stellen steil hinauf, gelangt man schließlich zum Inspiration Point. Von hier aus kann man den Blick über die Ebene des Chilcotin schweifen lassen und anschließend über den Cougar Rock zurückkehren. Wieder mit dem Kanu über den See zurück, kann der Tag am Lagerfeuer ausklingen. Für Gäste der Ranch steht das Kanu kostenlos zur Verfügung. Andere Besucher können die Tour auch durchführen, müssen jedoch für die Nutzung des Kanus eine Gebühr bezahlen.

Kleena Kleene Valley und Wasserfälle

Nicht allzu spektakulär verläuft der erste Teil der rund zweistündigen Wanderung ins Tal hinab. Der Startpunkt befindet sich an der Mülldeponie der Region direkt am Highway 20. Um diesen Teil des Weges abzukürzen, bietet die Ranch die Fahrt mit dem „Side by

Side" Geländewagen an, in dem vier Personen befördert werden können. Am Wasserfall angekommen, kann dieser umlaufen und von allen Seiten besichtigt werden. Je nach Wasserstand gibt er dabei ein imposantes Bild ab.

Perkins Peak

Spektakuläre Landschaften, Gletscher und ein weit reichender Blick über die Bergwelt der Chilcotin Region sind mit einer Wanderung zum Perkins Peak verbunden. Der 2800 Meter hohe und markante Berg befindet sich auf der windabgewandten Seite des Küstengebirges. Mit einem geeigneten Fahrzeug kann man auf rund 2400 Meter fahren. Ab hier handelt es sich dann eher um eine Bergwanderung in hochalpinen Landschaften, die entsprechendes Schuhwerk und Trittsicherheit erfordert.

Während der erste Teil der Wanderung hinauf zum Grad noch gut zu bewältigen ist, wird der Verlauf des weiteren Weges anspruchsvoller und führt durch Steinfelder und über selbst zu suchende Pfade bis hinauf zum Gipfel. Nach rund 1,5 Stunden ist dieser erreicht. Von hier aus kann in Richtung Norden das Chilcotin Plateau überblickt werden. Nach Nordwesten hin sind die Rainbow Mountains am Horizont zu erkennen. Westlich fällt der Blick auf das Monarch Icefield und im Süden ist Mount Waddington zu sehen.

Für die Fahrt zum Trailhead wird von der Nutzung eines gemieteten Fahrzeuges abgeraten. Auch hier bieten die Gastgeber der Terra Nostra Ranch die Gelegenheit, zunächst mit dem Pkw zum Miner Lake und von dort aus mit dem „Side by Side" den 25 Kilometer langen Weg zum Trailhead zu fahren und Wanderer auf ihrem Weg zum Gipfel zu begleiten.

INFO

Lage: Kleena Kleene ist die Siedlung am Clearwater Lake, an dem sich auch die Terra Nostra Guest Ranch befindet.

Website: *terranostra-guestranch.com/*

Chilcotin: Am Fusse der Coast Mountains

Am Turner Lake

Chilcotin: am Fusse der Coast Mountains

37. Tweedsmuir Provincial Park South: Paddeltour in der Wildnis
38. Über Gletscher und farbige Berge: Rundflug über die Coast Mountains
39. Wanderung zur Rainbow Range

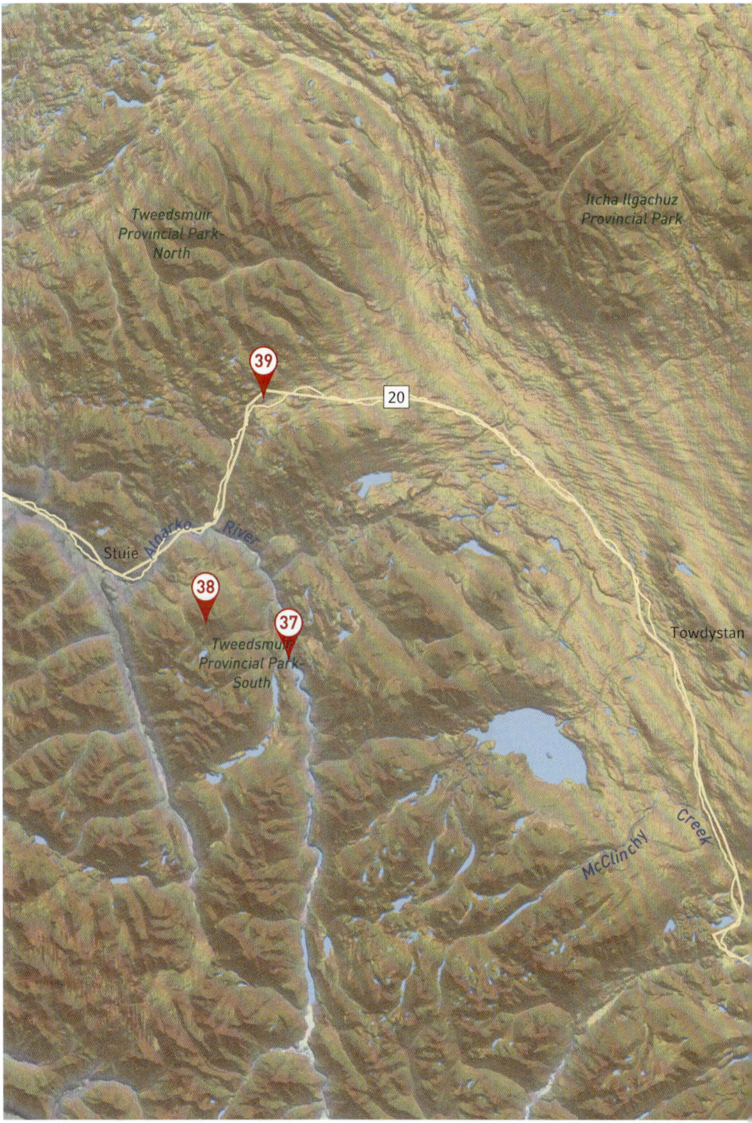
Tweedsmuir Provincial Park-North
Itcha Ilgachuz Provincial Park
39
20
Atnarko River
Stuie
38
37
Tweedsmuir Provincial Park-South
Towdystan
McClinchy Creek

37. Tweedsmuir Provincial Park South: Paddeltour in der Wildnis

Wir tauchen die Paddel ein und fahren am Ufer des Turner Lake entlang in Richtung Norden. Keiner von uns beiden spricht ein Wort. Die Natur und die Einsamkeit haben uns in ihren Bann gezogen. Plötzlich raschelt es in den im Wasser hängenden Zweigen. Wir stoppen das Boot und sehen nur noch, wie drei Bärenjungen blitzschnell einen Baum erklimmen. Die Grizzlymutter schaut zu uns und wartet, bis ihre Jungen in Sicherheit sind. Dann zieht sie sich Schritt für Schritt weiter in den Wald zurück.

Paddeltour auf dem Turner Lake

Mitten in den Coast Mountains liegt rechts und links des Highway 20 einer der größten Provincial Parks British Columbias, der Tweedsmuir Provincial Park South. Er bietet neben zahlreichen Wandermöglichkeiten und gut erreichbaren Campgrounds weitere Besonderheiten. Hier lassen sich Grizzlybären von einer Aussichtsplattform beobachten, und wer gerne paddelt, kann zu einer einbis mehrtägigen Paddeltour über den Turner Lake und die mit ihm verbundene Seenkette aufbrechen.

Um zu dem auf 1200 Meter hoch liegenden Turner Lake zu gelangen, gibt es zwei Möglichkeiten. Man kann ihn über eine 16 Kilometer lange Wanderung, den Hunlen Falls Trail, erreichen, Allerdings liegt deren Ausgangspunkt am Ende der zwölf Kilometer langen, rauen Tote Road. Sie kann nur mit einem Allradfahrzeug befahren werden und führt mitten durch den Lebensraum der Grizzlybären.

Eine einfachere, allerdings mit entsprechenden Kosten verbundene, Möglichkeit ist, mit dem Wasserflugzeug vom Nimpo Lake aus zum Turner Lake zu fliegen, dort zu paddeln und sich anschließend wieder dort abholen zu lassen.

Wer darüber hinaus ein besonderes Erlebnis in der Wildnis sucht, der kann sich eine der einfachen Holzhütte am Turner Lake mieten und dort einige Tage verbringen. Die beiden rustikalen Hütten werden von der Parkverwaltung angeboten. Sie sind mit Doppelstockbetten, einer Spüle, Geschirr und einem Holzofen ausgestattet. Die Fenster sind aus Kunststofffolie gefertigt und die Tür wird mit einem einfachen Haken verschlossen. Wasser holt man sich aus dem See, und eine einfache Toilette befindet sich an einer Lichtung unweit der Hütten. In der dritten Hütte, vor der Feuerholz lagert und mehrere Kanus liegen, werden die Paddel, Schwimmwesten, Äxte und Werkzeug aufbewahrt.

Der Turner Lake ist mit rund fünf Kilometern der längste der die Seenkette bildenden sieben Seen, des Turner Lake Chain. Sie sind durch Flüsse und Portagen miteinander verbunden. Die Westseite des Sees wird von majestätischen Bergketten der östlichen Ausläufer der Coast Mountains begrenzt. An seiner Ostseite trennt eine Anhöhe den Tuner Lake von dem parallel verlaufenden Lonesome Lake.

Besonders reizvoll ist es, die Tour auf dem See mit einer kurzen Wanderung zu den spektakulären Hunlen Falls zu verbinden. Sie gehören zu den höchsten frei fallenden Wasserfällen in Kanada. Erreicht werden sie über einen Rundweg am Nordende des Sees.

Vom Anlegesteg des Wasserflugzeuges aus paddelt man vorbei an den dem Nordende vorgelagerten Inseln. An der Bootsanlegestelle des Tweedsmuir Wilderness Camp legt man mit dem Kanu an. Hinweistafeln am Campground des Parks zeigen den Weg zu den Hunlen Falls und dem Lonesome Lake sowie zu den alpinen Bergseen im Westen des Parks.

Während die Wanderung über den Ptarmigan Lake Trail in das alpine Bergland entsprechende Vorbereitung und Ortskenntnis verlangt, ist der Weg zu den Wasserfällen leicht zu bewältigen. An zwei Aussichtspunkten hat man einen beeindruckenden Blick auf die Fälle. Der eine liegt an der Kante, über die das Wasser 260 Meter in die Tiefe stürzt. Ihn erreicht man durch einen dicht bewachsenen Pfad. Im Sommer ist Mückenschutz auf diesem Weg unverzichtbar.

Hunlen Falls

Der andere Aussichtspunkt liegt den Fällen gegenüber. Von der ungesicherten Stelle einer Felskante aus kann man die Fälle von hier in ihrer gesamten beeindruckenden Schönheit bestaunen.

Von den Wasserfällen aus führt der Rundweg weiter hinauf auf einen kleinen Hügel. Von hier aus hat man einen guten Blick auf den smaragdgrün schimmernden Lonesome Lake, der sich parallel zur Turner-Lake-Seenkette durch die Coast Mountains zieht.

Der Park schützt weitgehend unberührte Wildnis. Nur wenige Menschen gelangen hierher. Dementsprechend gilt es, auf sich aufmerksam zu machen, um ungewollte Begegnungen mit Bären zu vermeiden.

INFO

Anfahrt: Die Turner-Lake-Seenkette liegt im großen Tweedsmuir Provincial Park South.

Anfahrt:

- Man erreicht den See vom Nimpo Lake aus mit dem Wasserflugzeug des Anbieters Tweedsmuir Air. Dieser verwaltet auch die Kanus mitsamt Ausrüstung.
- Auf dem Landweg zweigt man kurz vor dem Atnarko Campground vom Highway 20 auf die Tote Road ab und gelangt nach zwölf Kilometern ausgewaschener Gravel Road zum Ausgangspunkt der Wanderung. Die Tote Road ist nur mit dafür geeigneten Allradfahrzeugen befahrbar.

Unterkünfte:

- Es gibt zwei rustikale Hütten am Turner Lake. Sie können bei Tweedsmuir Air angemietet werden; *tweedsmuirair.com/adventures/twc/intro.htm*
- Mehrere einfache Campgrounds entlang der Seenkette sind für Kanuten und deren Zelte eingerichtet.

Websites:

- *bcparks.ca/explore/parkpgs/tweeds_s*
- Turner Lake Seenkette: *bcparks.ca/explore/parkpgs/tweeds_s/canoe.html*

Hinweise:

- Da es am See keinen Strom, kein Telefon und auch keine Mobilfunkbindung gibt, kann man sich in Williams Lake ein Satellitentelefon auszuleihen (eine Woche rund 100 CAD).
- Wer sich entschließt die gesamte Seenkette zu paddeln, sollte dafür drei bis fünf Tage einkalkulieren und mit Zelt, Kocher und weiterer Outdoor-Ausrüstung ausgestattet sein. Die einzelnen Seen sind durch Portagen verbunden, über die das Boot getragen werden muss. Die Campgrounds sind markiert und vom Boot aus gut zu finden. Eine ausführliche Beschreibung der Kanutour, der Campgrounds und Portagen findet sich auf der Webseite der Parkverwaltung.

38. Über Gletscher und farbige Berge: Rundflug über die Coast Mountains

Wir kommen aus dem Staunen nicht mehr heraus. In gefühlter Armlänge geht es vorbei an massiven Felswänden. Unter dem Flugzeug zeigen sich kilometerlange Gletscher, deren Zungen in kleine Gletscherseen münden. Wie ein unendlicher Bandwurm zieht sich der Highway 20 und der Heckman Pass durch das Grün der Wälder, als sich am Horizont der ockergelb-rötliche Gebirgskamm der Rainbow Mountains zeigt.

Monarch Icefield

Ein besonderes Highlight bei der Fahrt über den Highway 20 ist ein Stopp am Nimpo Lake und der Rundflug mit einem Wasserflugzeug über die Coast Mountains. Den „Flughafen" Nimpo Lake, 70 Kilometer nordwestlich von Kleena Kleene gelegen, kennen manche noch als „BCs Hauptstadt der Wasserflugzeuge" aus der Zeit, als mehrere Fluggesellschaften und zahlreiche private Flugzeuge hier zu den Resorts starteten und vor allem Angler, Jäger und Urlauber in das Hinterland des Chilcotin brachten. Heute ist der Nimpo Lake Ausgangspunkt für spektakuläre Rundflüge über die Coast Mountains, die Hunlen Falls und die Rainbow Range.

Die Anlegestelle des Wasserflugzeuges befindet sich gleich neben dem Büro von Tweedsmuir Air, dem Anbieter der Rundflüge. Hat

In den Coast Mountains

man sich für einen Flug entschieden, weist der Pilot den Passagieren ihren Platz zu, legt ihnen kleine Schwimmwesten an und unterweist sie kurz in Sicherheitsfragen. Mit dem Start des Motors wird es laut im Flugzeug. Langsam schiebt sich das Flugzeug über den See bis zu dem Punkt, an dem der Pilot den Motor auf Höchstleistung bringt. Immer schneller gleitet jetzt das Flugzeug über das Wasser, Gischt spritzt auf, fast ist es ein wenig so, als rolle das Flugzeug über eine holprige Piste, und dann hebt die Maschine ab.

Sofort lassen die Bewegungen nach, es wird ruhiger. Nur der Motor übertönt alles. Die Häuser am See werden kleiner, der Wald erscheint als große grüne Fläche, durch das sich die hellen Bänder der Forststraßen ziehen. Zunächst überquert das Flugzeug den großen Charlotte Lake, an dessen Ende sich schon die Berge des Monarch Icefield zeigen.

Mit dem Erreichen der Bergkette taucht das Flugzeug ein in eine grandiose Gletscherwelt. Fast zum Greifen nah zeigen sich die kilometerbreiten Gletscherzungen, ragen bizarre Felsformationen in die Luft, und smaragdgrün schimmernde Seen bilden Farbflecken in dem ewigen Eis. Angesichts dieser grandiosen Natur und endlosen Weite erscheint das Flugzeug klein und unscheinbar.

Nach rund 20 Minuten Flug überquert man nach einer weitausholenden Kurve die Turner-Lake-Seenkette. Am Ende des Turner Lake warten dann die spektakulären Hunlen Falls. Für das Urlaubsfoto dreht der Pilot auf Wunsch gerne eine Extrarunde, bevor er den Flug fortsetzt über den „Hill", den Heckman Pass, hin zu dem Bergen der Rainbow Range.

Die unterschiedliche Mineralien vulkanischen Ursprungs verleihen dieser Bergkette im Norden des Chilcotin Plateau ein spektakuläres Aussehen. Rotorange schimmernde Farbreihen gehen über in Ockergelb und bilden entsprechende Kontraste zu dem Grau des Bergmassivs und dem Grün der endlosen Wälder.

Auf dem Weg zurück überquert man Nadelwälder, unterschiedlich schattierte Grasflächen, nach Waldbränden frisch erblühende junge Tannen und kleine Seen. Ein buntes Bild, komponiert aus den Farben des Chilcotin.

Rainbow Mountains

Typische Landschaft im Chilcotin

INFO

Anfahrt: Der Nimpo Lake liegt westlich des Highway 20, 304 Kilometer von Williams Lake entfernt.

Aktivitäten:

- Vom See aus starten die Wasserflugzeuge zum Rundflug. Man kann zwischen einem Flug zu den Hunlen Falls, einer kleinen Tour über das Monarch Icefield oder einer großen, einstündigen Tour, die sowohl die Gletscherwelt der Coast Mountains als auch die Rainbow Range einbezieht, auswählen. Geflogen wird mit einer Cessna, die drei Personen Platz bietet, oder einer Beaver DHC-2 für sechs Personen.
- Darüber hinaus lassen sich vom Nimpo Lake aus auch Flüge zu Cabins an einsamen Bergseen oder zum Angelausflug organisieren.

Website: *tweedsmuirair.com*

39. Wanderung zur Rainbow Range

Fast ein wenig unwirklich wirken die ersten Kilometer der Wanderung zur Rainbow Range. Zwischen durch Waldbrände verkohlten, nadellosen Baumstämmen hindurch führt der Weg langsam, aber stetig bergauf. Frisch nachwachsende kleine Bäume und bunte Blumen verleihen der Umgebung erfrischende Farbkleckse. Unübersehbare Hinweisschilder weisen zu Beginn des Weges darauf hin, dass man sich in der Heimat der Grizzlybären befindet und man sich entsprechend „Bear smart" verhalten solle.

Ausgangspunkt der halbtägigen Wanderung ist der Parkplatz gleich zu Beginn des Tweedsmuir Provincial Park South. Er befindet sich in Fahrtrichtung Bella Coola auf der rechten Seite. Ein auf Holzpfählen stehendes Toilettenhäuschen, das so auch bei entsprechenden Schneehöhen noch benutzt werden kann, ist nicht zu übersehen. Aber erst hinter einer nicht einsehbaren Kurve hinter dem Parkplatz findet sich die überdachte Stellwand mit der Landkarten und der Wegbeschreibung.

Der Weg lässt sich nicht verfehlen. Er führt zunächst bergauf, vorbei an toten Bäumen, die einem vor Jahren wütendem Waldbrand zum Opfer gefallen sind. Zwischen den verkohlten und zum Teil umgestürzten Baumstämmen wachsen aus dem Asche gedüngten Boden neue Bäume und Blumen nach.

Nach einer halben Stunde erreicht man die Hochebene und mit ihr dichteren Wald. Zunächst aber durchquert man ein großflächiges Sumpfgebiet. Der Weg hindurch ist mit Holzdielen ausgelegt. Sie ermöglichen nicht nur das Überqueren der kleinen Flussläufe, sondern markieren auch den Weg durch das hohe Gras.

Ab und an zeigen sich jetzt in der Ferne erste Bergspitzen. Doch es dauert eine weitere Stunde, bis man den ersten See erreicht, von dem aus die Berge der Rainbow Range schon deutlicher erkennbar sind. Jetzt schlängelt sich der Weg weiter durch Waldstücke, die von Wiesenflächen unterbrochen werden. Auf diesen Abschnitten des

Weges ist es besonders ratsam, mit lautem Rufen, Singen oder mit der Trillerpfeife auf sich aufmerksam zu machen, damit die Tiere der Umgebung wissen, dass Menschen unterwegs sind und sie sich zurückziehen können.

Rainbow Range-Wanderung

Wieder geht es leicht bergauf, bis man eine felsige Hochebene erreicht. Von hier aus ist die Bergkette der Rainbow Range schon gut am Horizont sichtbar. Einzelne Schneefelder bilden einen Kontrast zu dem Grün der Wiesen, dem Braun und Grau der Felsen und dem Blau der den Weg begleitenden Seen. Ab hier ist der Weg zu dem Aufstieg auf den Grat der Bergkette nicht mehr so gut erkennbar wie zuvor im Wald. Man kann und muss sich ab hier, seinen eigenen Pfad suchen, der über die Steine und Schneefelder bis hin zu dem Aufstieg auf die Range führt.

Der Blick von hier aus wird nur durch die Berge der Coast Mountains begrenzt. Die Farbenvielfalt und die absolute Ruhe und Einsamkeit machen die Wanderung zu einer der schönsten im Tweedsmuir Provincial Park. Gut erreichbar, und auch für ungeübte Wanderer machbar, ist sie ein lohnenswertes Ausflugsziel. Wer die Wanderung auf 20 Kilometer oder gar zu einer mehrtägigen Wanderung ausdehnen will, der kann die Rainbow Range erklimmen, auf deren Grat entlang wandern und sich von deren Farbenpracht in Bann ziehen lassen.

INFO

Lage: Der Ausgangspunkt zur Wanderung zum Rainbow Range liegt am Osteingang des Tweedsmuir Provincial Park South. Auf der Nordseite des Highways befindet sich die Einfahrt zum Parkplatz, erkennbar an dem auf einem Gerüst stehenden Toilettenhäuschen. Der Einstieg zur Wanderung liegt hinter einer Kurve, am Ende des Parkplatzes.

Website: *bcparks.ca/explore/parkpgs/tweeds_s/hiking.html*

Chilcotin: Der Süden

Entlang der Bridge River Road

Chilcotin: der Süden

40. Bridge River Valley
41. Bralorne: wenn das Gold ruft
42. Die Umgebung von Bralorne und Gold Bridge
43. Hurley River Forest Service Road

42
Gun Lake
40
40
Carpenter Lake
Gold Bridge
Bridge River
Lajoie Lake
Downton Lake
Brexton
Gwyneth Lake
Mead Lake
41
Ogden
43
Gold Bridge
Brexton
Pioneer Mine
Hurley River
Lillooet River
Pemberton Meadows
Ryan River
Gates
Birken
Creekside
43
Owl Creek
Pemberton
River
Rutherford Creek
Green
Soo River
Garibaldi Provincial Park
Wedge

40. BRIDGE RIVER VALLEY

Vom Nemaiah Valley aus gesehen trennt im Südosten nur der South Chilcotin Provincial Park die Reisenden vom bisher von Touristen kaum entdeckten Bridge River Valley. Allerdings besteht keine Straßenverbindung, sondern die Zufahrt erfolgt über Lillooet am Sea-to-Sky Highway. Die lokale Tourismusorganisation bezeichnet das Tal als Eingangstor in die südliche Chilcotin Region. Outdoor-Enthusiasten aus der Umgebung wissen, was das bedeutet. Unendliche Weiten, zahlreiche Wandermöglichkeiten durch noch unerschlossene Wildnis, Mountainbike-Strecken abseits von jeglichen Touristenansammlungen, Pfade für mehrtägige Reitausflüge und im Winter Ski- und Schneemobil-Terrain für alle, die gerne abseits von Whistler, Banff oder Lake Louise Wintersport betreiben.

Bridge River Valley

Dafür ist eine entsprechende Infrastruktur vorhanden. Zahlreiche B&Bs am Gun Lake, das wunderschön am Tyaughton Lake gelegene Tyax Wilderness Resort & Spa, das im Winter auch Heliskiingtouren anbietet oder das einfachere, aber mit mehreren Zimmern, Küchenzeile, Bad und Schlafzimmer ausgestattete Bralorne Mines

Motel in der Goldminensiedlung Bralorne, bieten entsprechende Aufenthaltsmöglichkeiten an. Auch Wohnmobilreisende finden sowohl in Gold Bridge als auch am Gun Lake und Tyaughton Lake meist kostenfreie einfach ausgestattete Recreation Sites.

Highway 40 entlang des Carpenter Lake

Um zum Abzweig in das Bridge River Valley zu gelangen, durchfährt man die Main Street von Lillooet und biegt vor den Einkaufszentren am Ende der Stadt nach links auf die Moha Road ab. Diese führt hinunter zum Fraser River und Bridge River, überquert diesen und verläuft als Bridge River Road weiter bis Gold Bridge.

Moha Road am Bridge River

Man durchquert zunächst noch auf asphaltierte Straße das Reservat der Bridge River First Nations People. Von der Anhöhe führt die Straße anschließend hinab in das Tal. Die Berge rücken näher und werfen schon am Nachmittag lange Schatten. Ab hier wird die Straße zur Gravel Road. Sie verläuft eng an den Felswänden entlang und erinnert so, nicht nur von ihrer Beschaffenheit her, an „The Hill", den Heckman Pass am Highway 20, der durch die Coast Mountains nach Bella Coola führt.

Entlang des smaragdgrün schimmernden Carpenter Lake, einem für die Wasser- und Energiegewinnung aufgestauten See, führt die Straße schmal und kurvenreich hinein in das Küstengebirge. Das die Reisenden begleitende Panorama ist grandios. Bergket-

Brücke über den Hurley River

ten begrenzen das Ufer des Sees, Wasserfälle zeigen sich urplötzlich, und im Herbst bilden die gelben Blätter der Lärchen einen farblichen Kontrast zu ihrer Umgebung. Wer hier unterwegs ist, will in die Natur der Region eintauchen oder arbeitet bei BC Hydro, dem Energieversorger British Columbias, der an den verschiedenen Stauseen des Tales Umspannwerke unterhält.

Immer wieder wechselt die Oberfläche der Straße von Asphalt zu Gravel und umgekehrt. Dennoch lässt sich die Straße auch mit Wohnmobilen gut fahren. Sie ist breit, wenig befahren und weit einzusehen.

Am Ende des Carpenter Lake bilden die Abflüsse des Bridge River und des Hurley River ein ganz besonderes Bild. Je nach Wasser-

Highway 40 am Carpenter Lake

stand zeigen sich Sandbänke und Grasflächen, durchzogen von Flussarmen, in denen sich die umliegenden Berge spiegeln. Über eine schmale Brücke erreicht man die Siedlung Gold Bridge. Hier findet sich neben einem kleinen Supermarkt ein Hotel, eine Reifenwerkstatt und außerhalb des Ortes auch eine Tankstelle. Von hier aus sind es noch elf Kilometer bis zur ehemaligen Goldminensiedlung Bralorne.

Carpenter Lake

INFO

Lage: Das Bridge River Valley liegt westlich des Fraser River, eingebettet in die Coast Mountains. Die landschaftliche Besonderheit bilden die großen Seen, die als Stauseen genutzt werden.

Anfahrt: Über den als Highway 40 bezeichnete Straße entlang des Carpenter Lake gelangt man nach 105 Kilometern nach Gold Bridge. Von Pemberton aus können „Abenteurer" über die raue Hurley River Road bis nach Gold Bridge fahren.

Website:

- Bridge River Valley: *bridgerivervalley.ca*
- Hurley River Road: *isurvivedthehurley.com*

41. BRALORNE: WENN DAS GOLD RUFT

Fast wirkt sie ein wenig unwirklich, ein wenig geheimnisvoll beinahe: die ehemalige Minenarbeitersiedlung Bralorne, mitten im Nirgendwo. Und genau das macht ihren Reiz aus.

Eingang zur Goldmine

Die Straße nach Bralorne ist asphaltiert. Sie schlängelt sich zum Teil in Serpentinen die Berge hinauf, und immer wieder bietet sich die Gelegenheit, einen Blick auf die beeindruckende Gebirgslandschaft zu werfen. Auf einem Willkommensschild am Ortseingang wird die aktuelle Zahl der Bewohner mit 68 angegeben. Ein anderer Hinweis benennt Bralorne als Museumsdorf, dessen Geschichte eng mit der Suche nach Gold verknüpft ist.

Denn Bralorne ist eine ehemalige Siedlung der Arbeiter aus den Goldminen und ihren Familien. Mit den ersten Goldfunden 1860 im Bridge River begann der Aufstieg der Siedlung. Es entstand ein voll funktionsfähiges Dorf mit Wohnhäusern, Schulen, Kirchen, einer Poststation, Gemeindehalle, Feuerwehr, Saloon und Werkstätten. Claims wurden abgesteckt und 1932 nahm die Bralorne Goldmine ihre Arbeit auf. Mehr als hundert Millionen Dollar in Gold wurde in den verschiedenen Minen und Claims gefunden. Mit dem Verfall des Goldpreises und dem Ende der Minenarbeit 1972 verlor Bra-

Picknickplatz in Bralorne

lorne seinen Wohlstand und damit seine Anziehungskraft. Inzwischen sind die ehemaligen Häuser der Minenarbeiter in Bradian, am Ende der Bralorne Road, dem Verfall preisgegeben. Buschwerk hat sich seinen Weg gebahnt und Wetter und Zeit nagen an der Gebäudesubstanz.

Gemeindekirche im Bridge River Valley

Anders der heutige, zweigeteilte Kern des Dorfes. Entlang der Bralorne Road stehen rechts und links Holzhäuser, manche dem Verfall preisgegeben, andere wiederum bewohnt und farbenfroh renoviert. Stromkabel ziehen sich wirr von Haus zu Haus, Brennholz füllt die Vorgärten, Trucks und Pick-ups mit Stollenreifen parken am Wegesrand. Gleich am Dorfeingang wirbt auf der linken Seite Leuchtreklame für das Pub des Dorfes. Dessen Öffnungszeiten variieren und sind auf einer Tafel vor der Eingangstür angeschrieben.

Fährt man die Straße weiter, schließt sich zunächst der zweite Teil des Dorfes an. Es besteht aus einer kleinen Kirche, dem Gebäude der Feuerwehr, einigen Wohnhäusern und einem Sportfeld. Verlässt man die Straße nach links, erreicht man die wenigen Häuser der Ghost Town Bradian, während die weiter geradeaus führende Straße am Hurley River und den verfallenen Gebäuden der ehemaligen Goldmine endet. Ab hier hat die Minengesellschaft aus Sicherheitsgründen eine Weiterfahrt verboten.

Ehemalige Siedlung der Minenarbeiter in Bradian

Mines Motel Bralorne

INFO

Lage: Elf Kilometer südlich von Gold Bridge liegt die ehemalige Minenarbeitersiedlung am Fuße des Mount Fergusson.

Anfahrt: Von Gold Bridge aus führt eine asphaltierte Straße bis Bralorne.

Unterkunft:

- Bralorne Pub and Motel: der Wohnraum des Motels ist großzügig gehalten, das Wohnzimmer ist mit einer Küchenzeile ausgestattet, Kühlschrank, Fernseher sowie ein schnell funktionierendes WLAN bieten unerwarteten Komfort. Das Pub bietet auch Essen an. Die Speisekarte wechselt täglich und wird entsprechend, auch in den sozialen Medien, angekündigt. Absolut empfehlenswert ist die Pizza des Pubs. Gut belegt und mit knusprigem Teig gebacken, ist sie eine Delikatesse. Aus der gesamten Umgebung kommen Leute, um hier ihre „Pizza to go" abzuholen; *bralornepubandmotel.ca*

Website: *bridgerivervalley.ca/project/bralorne*

Hinweis: Trotz der Lage abseits jeglicher Hauptverkehrsstraßen leben die Menschen gerne hier. Manche, insbesondere junge Menschen, haben sich besonders während der Corona-Pandemie sogar Bralorne bewusst als Lebensmittelpunkt ausgesucht. Es gibt ein reges Gemeindeleben, man unterstützt sich gegenseitig und hilft gemeinsam, die Infrastruktur der Siedlung aufrecht zu erhalten.

42. DIE UMGEBUNG VON BRALORNE UND GOLD BRIDGE

Ein halbtägiger Ausflug mit einer kurzen Wanderung vorbei an mehreren kleinen Seen kann von der Kingdom Lake Recreation Site aus unternommen werden.

Wanderung am Kingdom Lake

Von Bralorne aus fährt man zunächst in Richtung Gold Bridge und zweigt nach rund sechs Kilometern scharf rechts ab auf die Kingdom Lake Forest Service Road. Nach weiteren 4,6 Kilometern auf der breiten Gravel Road sieht man auf der linken Straßenseite die in British Columbia typische Holztafel mit dem Hinweis auf die Recreation Site. Das Fahrzeug kann man entweder hier abstellen oder noch die wenigen Meter bis zum Campground weiterfahren.

Der kleine Campground selbst hält 15 Stellplätze für Zelte und kleine Truck Camper vor. Er ist idyllisch gelegen, und vom See aus hat man bei schönem Wetter einen guten Blick auf die umliegenden Berge.

Vom Nordende des Sees aus verläuft der 3,2 Kilometer lange Pfad, der auch von Mountain Bikern genutzt wird, zunächst zum Noel Lake. Von hier aus verläuft er weiter durch dichten Wald und steil hinauf zum Lost Lake. Dort befindet sich auch ein kleiner Campground, mit einem einzelnen Stellplatz für ein Zelt.

Ein weiteres Ausflugsziel in der Region ist der Gun Lake. Es ist ein idyllisch liegender See am Fuße des 2588 Meter hohen Mount Penrose. Von Gold Bridge aus führt die Gun Lake Road als asphaltierte Straße über acht Kilometer bis zum See. Kurz vor der Ankunft am Gun Lake passiert die Straße den ebenso malerisch liegenden Lajoie Lake, der auch Little Gun Lake genannt wird. Sein Bergpanorama im Hintergrund ergibt mit dem spiegelnden See ein wunderschönes Fotomotiv.

Lajoie Lake

Mit dem Erreichen des Gun Lake wird die Straße zur Gravel Road. Sie verläuft rund um den See und wird von den zahlreich am See lebenden Kanadiern als Zufahrt zu ihren Sommerhäuschen genutzt. Für Reisende mit dem Pkw gibt es hier mehrere B&Bs und auf der Nordostseite des Sees auch ein Resort. Wohnmobilreisende können die Gun Lake South Recreation Site ansteuern. Sie hält sieben Stellplätze vor, die teilweise auch mit größeren Wohnmobilen genutzt werden können.

Tyaughton Lake

Der Tyaughton Lake ist bei denjenigen bekannt, die schon einmal in der dortigen Tyax Mountain Lodge ihren Urlaub verbrachten. Um diesen idyllisch liegenden See zu erreichen, muss man zunächst wieder auf die Hauptstraße

Carpenter Lake bei Gold Bridge

von Gold Bridge nach Lillooet zurückkehren. Nach 16 Kilometern Fahrt in Richtung Lillooet zweigt die Straße zum Tyaughton Lake nach links ab. Gleich zu Beginn liegt auf der linken Straßenseite die Zufahrt zur Mowson Pond Recreation Site mit sieben Stellplätzen.

Bis zum Tyaughton Lake sind es weitere sieben Kilometer Fahrt durch Wald und Ranchland. Immer wieder schweift der Blick über die Bergkämme der Coast Mountains. Hinweistafeln am Straßenrand nennen die Anbieter von Motorbooten, Kajaks oder Reitausflügen in die umliegende Bergwelt.

Der See selbst liegt malerisch eingebettet am Fuße der Ausläufer der südlichen Chilcotin-Berge. Wer hier eine Unterkunft sucht, kann sich in die luxuriöse Tyax Lodge einmieten. Die am See gelegene Unterkunft mit mehreren Cabins wurde 1980 gebaut und war zu dieser Zeit das größte Blockhaus in British Columbia. 2010 renoviert, bietet sie einladenden Komfort mitten in der Wildnis British Columbias. Für Wohnmobilreisende bietet auf der Westseite des Sees die Friburg Recreation Site vier Stellplätze.

Auf der Rückfahrt nach Gold Bridge gelangt man zu dem einfachen und kostenfreien Gun Creek Campground des BC-Hydro-Energieversorgers. 16 Stellplätze auf der Basis „first-come, first serve" werden hier vorgehalten. Der Platz ist von Anfang Mai bis Mitte Oktober geöffnet. Außerhalb der Saison kann er ohne Service genutzt werden.

Der Recreation Site gegenüber liegt eine kleine Gedenkstätte für alle Prospektoren, also Goldschürfer, die auf der Suche nach Gold und Mineralienvorkommen ihr Leben ließen. Persönliche Eintragungen in ein Gästebuch und an dem Gestein angebrachte Gedenktafeln halten die Erinnerung an die jüngere Geschichte British Columbias wach.

Erinnerungen an die Zeit des Goldrausches

INFO

Lage: Die Seen im Bridge River Valley sind alle von Gold Bridge aus über Gravel Roads erreichbar.

Aktivitäten: Insbesondere am Gun Lake wurde ein Netzwerk an Wanderwegen angelegt; *bridgerivervalleytrails.ca*

Website: *bridgerivervalley.ca*

43. Hurley River Forest Service Road

Wer schon des Öfteren in British Columbia unterwegs war und nach neuen, abenteuerlicheren Routen sucht, der hat sicher schon etwas von der Hurley River Forest Service Road gehört. Sie führt von Pemberton aus rund 80 Kilometer durch die Coast Mountains bis Gold Bridge. Das Marketing für die Straße erinnert an das des Dempster Highway im Yukon: „I survived the Hurley" lautet der Titel der Homepage, auf der man neben der touristischen Beschreibung auch aktuelle Berichte über den Zustand der Straße und die dazugehörigen Merchandising-Artikel findet.

Hurley River Road

Wer also auf dem Weg von Vancouver nach Lillooet und Gold Bridge eine „Abkürzung" fahren möchte, der kann über die Pemberton Meadows Road zur Hurley Forest Service Road und über den 1829 Meter hohen Mountain Pass nach Gold Bridge fahren. Allerdings empfiehlt es sich, vorab Informationen über den Straßenzustand und mögliche Sperrungen der Strecke einzuholen. Für Mietfahrzeuge, insbesondere Truck Camper und Wohnmobile, gilt auch hier das schon Gesagte: Fahrzeugvermieter schließen in der Regel das Befahren dieser Art Gravel Roads aus oder zumindest kann der Versicherungsschutz für das Fahrzeug erlöschen.

Um ein wenig den Spirit dieser Straße zu erfahren, hat man von Bralorne aus die Gelegenheit, ein Stück der Hurley River Forest Service Road zu fahren, quasi eine Rundtour, ohne dabei den Pass auf dem Weg nach Pemberton überqueren zu müssen.

Ein Hinweisschild am Ortseingang von Bralorne weist den Weg zur Hurley River Road East. Neben dem Eingang zur Goldmine überquert die Straße den Hurley River und verläuft zunächst durch dichten Wald. Vorbei an im Herbst schon schneebedeckten Bergen und Wasserfällen verläuft die Straße quasi parallel zur Hurley Road von Gold Bridge nach Pemberton. Der Zustand der Straße ermöglicht ungehindertes Fahren, allerdings gilt es auf Schlaglöcher und scharfkantige Steine zu achten. Die Landschaft scheint unberührt, der Weg ist von dichtem Wald gesäumt, der sich ab und an lichtet und den Blick freigibt auf den Hurley River und die ihn umgebenden Wiesenflächen. Die von der Landschaft ausgehende Ruhe ist deutlich zu spüren.

Nach 15 Kilometern und rund 45 Minuten Fahrzeit erreicht man die Kreuzung mit der nach links abzweigenden Teilstrecke nach Pemberton. Nach rechts kehrt man zurück nach Gold Bridge.

Die Straße verläuft nun auf der Nordseite des Hurley River und ist breiter als die auf der Südseite. Hier bewegen sich auch andere Fahrzeuge, seien es Bewohner der Umgebung oder Arbeiter aus der Mine oder BC Hydro. Linker Hand wird die Straße durch die Bergkette des Green Mountain und des 2723 Meter hohen Mount

Sloan begrenzt. Gegenüber befindet sich der Gwyneth Lake Provincial Park mit sieben sehr rustikalen Stellplätzen. Der kleine See ist bei Anglern bekannt und beliebt wegen seiner Forellen.

Rund zehn Kilometer vor Ankunft in Gold Bridge ist von der Straße aus das Ostende des wunderschön gelegenen Downton Lake zu erkennen. Eingebettet in die Bergwelt der südlichen Chilcotin Mountains schimmert er selbst bei Regenwetter noch leicht grünlich. Auch dieser See wird als Wasserreservoir genutzt.

Am Ende der Hurley River Forest Service Road zweigt die Bridge River Forest Service Road nach links ab. Sie verläuft entlang des Südufers des Downton Lake und führt durch eine raue und grandiose Bergwelt. Schilder warnen vor Steinschlag, und immer wieder bieten Haltebuchten Gelegenheit zum kurzen Stopp für einen Blick auf den See.

Downtown Lake

Die Straße wird insbesondere von den Angestellten des Energieversorgers BC Hydro genutzt. Aber auch von Logging Trucks, die, ohne Rücksicht auf Straßenbeschaffenheiten nehmen zu müssen, nahezu die volle Straßenbreite einnehmen. Besonders vorausschauendes Fahren ist deshalb angesagt.

INFO

Lage: Die Hurley River Forest Service Road führt von Pemberton aus nach Gold Bridge. Von Bralorne aus verläuft die Hurley River Forest Service Road East bis zur Hauptverbindung nach Pemberton. So lässt sie sich als Rundweg zurück über Gold Bridge fahren.

Website: *isurvivedthehurley.com*

Coast

South Bentinck Arm in Bella Coola

Coast

44. Bella Coola und das Bella Coola Valley
45. Die Küste des Regenwaldes erleben
46. Wanderung zum Blue Jay Lake
47. Oddegard Falls
48. Bärenbeobachtung im Bella Coola Valley
49. Bella Coola, Heimat der First Nations
50. Richmond: am Ende der Reise

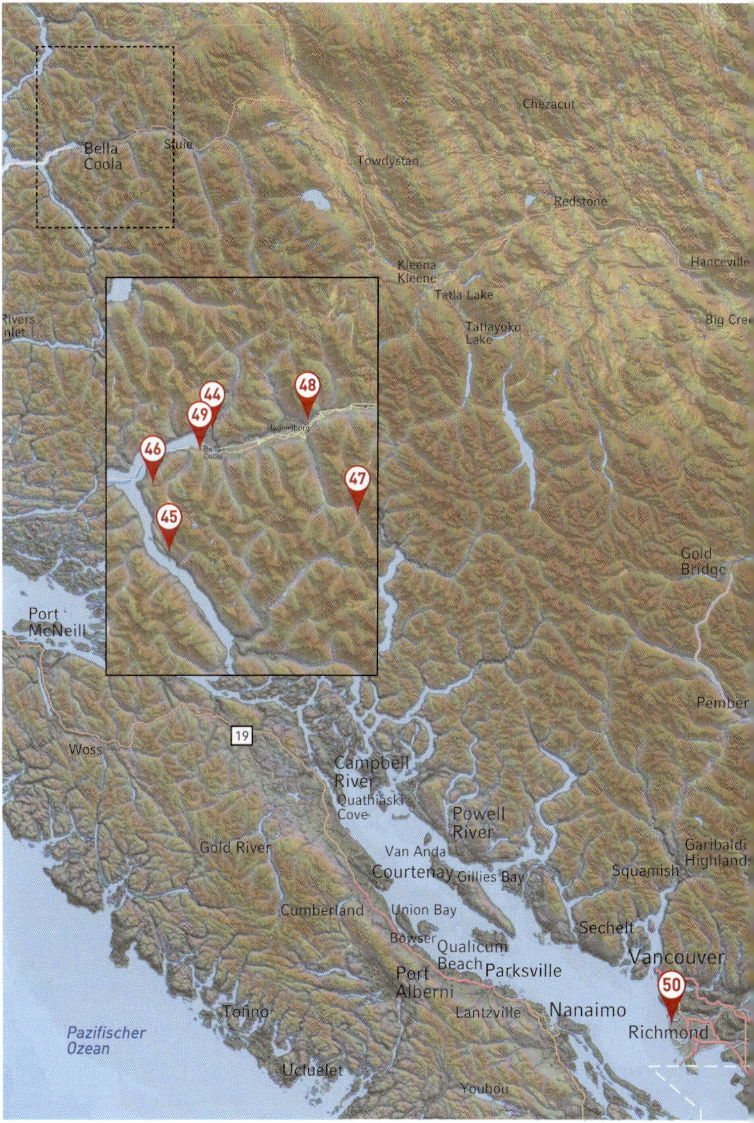
Bella
Coola
Stuie
Chezacut
Towdystan
Redstone
Kleena
Kleene
Tatla Lake
Hanceville
Rivers
Inlet
Tatlayoko
Lake
Big Cre
48
44
49
46
47
45
Gold
Bridge
Port
McNeill
Pember
19
Woss
Campbell
River
Quathiaski
Cove
Powell
River
Gold River
Van Anda
Courtenay
Gillies Bay
Squamish
Garibaldi
Highlands
Cumberland
Union Bay
Sechelt
Bowser
Qualicum
Beach
Parksville
Vancouver
Port
Alberni
50
Tofino
Lantzville
Nanaimo
Richmond
Pazifischer
Ozean
Ucluelet
Youbou

44. Bella Coola und das Bella Coola Valley

Mit seiner Lage am North Bentinck Arm, dem fjordartigen Einschnitt in das Landesinnere, ist Bella Coola durchaus ein reizvolles Ziel, auch wenn die Stadt nicht über besondere bauliche Sehenswürdigkeiten verfügt. Diese braucht sie auch nicht. Ihre Anziehungskraft schöpft sie aus der sie umgebenden Natur, den unzähligen Wandermöglichkeiten und den hier lebenden majestätischen Grizzlybären.

Mit dem Ende des Heckman Pass ist der Highway 20 wieder asphaltiert. Er führt zunächst vorbei an der Sani Dump Station und der Atnarko River Campsite des Tweedsmuir Provincial Park und erreicht nach weiteren fünf Kilometern die Belarko-Aussichtsplattform zur Beobachtung der im Tal lebenden Grizzlybären am Atnarko River. Die Plattform ist vom 1. bis 30. September, jeweils von 7 bis 19 Uhr geöffnet. In der letzten Septemberwoche wird jeweils eine Stunde später geöffnet und früher geschlossen. Eintritt wird nicht erhoben.

Der zweite Campground des Provincial Park, Fisheries Pool, folgt gleich nach der Ortschaft Stuie. Dieser Platz ist bekannt als Korridor für die Bären, die im Atnarko River nach Lachsen suchen. Hinweise an der Day Use Area machen auf die Möglichkeit der Bärenbegegnung aufmerksam.

McCall Flats Recreation Site

Eine weitere Camping- und Bärenbeobachtungsmöglichkeit bietet sich an der Westgrenze des Parks. Dort zweigt eine kleine Straße nach links ab zur McCall Flats Recreation Site. Durch dichten Wald, die Zweige hängen tief über der Straße, gelangt man zunächst bis zu einer Brücke über den Talchako River. Von hier aus bieten sich eine gute Sicht auf den Fluss und damit exzellente Möglichkeiten zur Beobachtung von Bären und Weißkopfseeadlern. Weite Sandbänke, auf denen die Abdrücke der Bärentatzen schon von der Brücke her erkennbar sind, bilden den bevorzugte Aufenthaltsort für Bären bei ihrer Jagd nach Lachsen.

Weißkopfseeadler am Bella Coola River

Nach rechts führt die Straße zu dem rund einen Kilometer entfernten Campground. Der Zufahrtsweg ist schmal, steinig und wird von kleinen Bachläufen durchzogen. Für größere Wohnmobile ohne die entsprechende Bodenfreiheit ist der Platz daher weniger geeignet.

Zurück auf dem Highway durchquert die Straße zunächst die Siedlung Firvale, bis sie die von norwegischen Siedlern gegründete Stadt Hagensborg erreicht. Hier verläuft der Highway 20 entlang des ursprünglichen „Grease Trail", der damaligen Handelsroute der First Nations, der schon Alexander Mackenzie 1793 auf seiner Reise zum Pazifik gefolgt war.

Bella Coola River

Das Tal war die Heimat der Nuxalk First Nations. Hier wurden Pelze und Leder der First Nations aus dem Landesinneren gegen den Lachs und das Öl des Kerzenfischs der an der Küste angesiedelten First Nations eingetauscht.

Morgennebel am Bella Coola River

Überall an der landschaftlich reizvollen Strecke bieten sich Möglichkeiten für Fotostopps an. Sei es am Bella Coola River, an dem sich in der Zeit der Lachswanderung die Grizzlybären zeigen, oder dort, wo die schneebedeckten Berge mit ihren Gletschern eine grandiose Kulisse bilden.

Von Hagensborg aus sind es noch 15 Kilometer bis Bella Coola. Die Stadt, in der heute rund 900 Menschen leben, ist das Dienstleistungszentrum der Region. Die alten Gebäude erinnern an die historische Vergangenheit der Ortschaft als Pelzhandelsstation der Hudson Bay. Dazu zählt auch der gemütliche Laden Kopas Store. Hier findet sich eine große Auswahl an Büchern über British Columbia, indigener Schmuck und Geschenkartikel.

Weiter aus Bella Coola hinaus führt die Straße zunächst bis zum Hafen und der Anlegestelle der Fähre nach Port Hardy. Über eine kurze Gravel Road gelangt man an deren Ende zu der dort vom Energieversorger BC Hydro betriebenen Clayton Falls Recreation Area. Sie hat ihren Namen von den Wasserfällen, die von hier aus zu Fuß erreicht werden können. Der Blick von der Parkseite aus fällt über den Bentinck Arm und die ihn umgebenden Berge der Coast Mountains.

Clayton Falls

Eine schmale Seitenstraße zweigt hier vom Hauptweg ab, die Clayton Creek Road. Sie führt hinauf auf den 1219 Meter hohen Clayton Pass und zu Wandermöglichkeiten in der alpinen Landschaft des Küstengebirges. Wer hier hinauf will, sollte über ein entsprechend ausgerüstetes Allrad-Fahrzeug verfügen.

INFO

Lage: Das Bella Coola Valley erstreckt sich entlang des Highway 20 von der Westgrenze des Tweedsmuir Provincial Park South bis an die Pazifikküste bei Bella Coola. Es liegt im Great Bear Rainforest, dem Küstenregenwald British Columbias.

Unterkünfte:

- Im Bella Coola Valley gibt es zahlreiche Unterkünfte. Darunter Lodges wie die Bella Coola Mountain Lodge, die Bella Coola Eagle Lodge, Bella Coola Grizzly Tour Cabins oder die im Tweedsmuir Park liegende, luxuriöse Tweedsmuir Park Lodge.
- Mehrere Campingplätze mit Stellplätzen für Wohnmobile und mit Cabins finden sich entlang des Bella Coola River in Hagensborg. Dazu zählt der bekannte Rip Rap Campsite, die Bailey Bridge Campsites & Cabins und Gnome´s Home RV Park and Campground.
- Die McCall Flats Recreation Site, zwischen Firvale und Stuie gelegen, ist ein einfacher, kostenloser Campground. Wenige Kilometer davon entfernt hält der Fisheries Pool Campground im Tweedsmuir Provincial Park neun Stellplätze vor, die gerne von Anglern genutzt werden.

Aktivitäten:

- Wanderung zum Blue Jay Lake im alpinen Bergland der Clayton Creek Road
- Im Bella Coola Valley kann man mit kommerziellen Anbietern in der Zeit der Lachswanderung Bärenbeobachtungstouren durchführen; *bellacoola.ca/activities/guided-tours*

Websites:

- *bellacoola.ca*
- Fähre Bella Coola nach Port Hardy: *bcferries.com/routes-fares/schedules/seasonal/BEC-PPH*
- Verleih von Dachzelten für das Auto: *facebook.com/backroadoutfitters*
- Verleih von Allradfahrzeugen für Wege wie die Clayton Creek Road oder die Tote Road: *bellacoolavehiclerentals.com*

45. Die Küste des Regenwaldes erleben

Bella Coola ist Ausgangspunkt für unvergessliche Naturerlebnisse in der Fjordlandschaft des Regenwaldes an der Pazifikküste Kanadas. Wer hier mit dem Boot unterwegs ist, gelangt zu kleinen Inseln mit einsamen Stränden, kann versteckte heißen Quellen besuchen oder die am Meer lebenden und sich von Meerestieren ernährenden Wölfe beobachten.

Fjordwelt South Bentinck Arm

Mehrere Touranbieter, darunter „Great Bear Sailing Adventures", mit einem motorbetriebenen Segelboot und ihrem Kapitän Peter Young, sowie „Bella Coola Grizzly Tours", dessen Motorboot MV Nekhani von Leonard Ellis gesteuert wird, bieten die Möglichkeit, die Fjorde der Küstenregion in ein- oder mehrtägigen Bootstouren zu erkunden.

Hafen von Bella Coola

Die Versorgung der Gäste wird von den jeweiligen Bootsführern übernommen. In kleinen Körben werden Krebse, Krabben oder andere Meeresbewohner gefangen und während

Heiße Quellen in den Fjorden

der Tour für die Mahlzeiten zubereitet. Die Essgewohnheiten der Gäste werden dabei berücksichtigt und das Angebot ggf. umgestellt.

Bis zu sechs Tagen können vier bis sechs Gäste auf Tour gehen und dabei Grizzlybären, Wale, Wölfe und Delfine beobachten oder auf einer der Inseln die Seele baumeln lassen. Mit in den Booten befinden sich kleinere Schlauchboote oder Kajaks, mit denen Ausflüge auf Flüsse oder stille Buchten unternommen werden können.

Startzeit der zweitägigen Tour ist 9 Uhr am kleinen Hafen von Bella Coola. Noch während das Gepäck im Zimmer unter Deck verstaut wird, beginnt der Kapitän mit dem Ablegen des Schiffes. Kaum ist der Hafen verlassen, schweift der Blick über den endlos scheinenden Fjord North Bentinck Arm, der von 2000 Meter hohen Gebirgszügen begrenzt wird. Im Osten lassen sich auf den Bergen Gletscher erkennen, und auf dem Wasser tummeln sich Möwen und Seehunde.

Noch im Einzugsbereich des Hafens liegt auf der Nordseite des Fjords die alte Tallheo Cannery. Die Konservenfabrik wurde 1905 von norwegischen Einwanderern erbaut und diente dazu, den Lachsfang der hier lebenden First Nations, der Nuxalk, und anderer Fischer in Dosen zu konservieren und von hier aus in alle Welt zu verschicken. Umgeben von Regenwald und dem Küstengebirge leben hier nach wie vor Menschen in einer kleinen Siedlung mit eigenständigem Postamt.

Weiter nach Westen, vorbei an Flussläufen, die in das Meer münden, passiert man den South Bentinck Arm. Reiseziel ist das Kwatna Inlet mit einer verträumt liegenden Bucht an der Mündung

des Kwatna-Flusses. Bei strahlendem Sonnenschein lassen sich Weißkopfseeadler beobachten. Vorbei an bizarren und farbenprächtigen Felsformationen, geht es immer tiefer hinein in die Welt der Fjorde. Nur wenige andere Schiffe sind unterwegs, meist kleine Fischerboote, die hier ihre Netze auswerfen.

Am frühen Nachmittag erreicht man die Bucht. Das Wasser ist ruhig, liegt nahezu da wie ein Spiegel. Der Ausflug mit dem Kanu lässt die Bergwelt der Umgebung noch einmal in einem anderen Licht erscheinen und hilft dabei, die gewonnenen Eindrücke zu verarbeiten. Die auf einem Baumstamm ruhenden Seehunde lassen sich durch Paddler nicht stören. Für den Ausflug zur Bärenbeobachtung heißt es aber umsteigen in ein Schlauchboot mit Außenborder.

Fjordwelt South Bentinck Arm

Vorbei an einer kleinen Insel, gelangt man mit diesem Boot schnell in die Flussmündung. Umgestürzte Bäume, auf denen Möwen und Adler nach Beute Ausschau halten, tief hängende Zweige und Flussbiegungen machen die Tour zu einem kleinen Abenteuer. Nun heißt es anlegen, warten und Geduld aufbringen. Da hier die Lachse schwimmen, ist die Gegend seit vielen Jahren für die Anwesenheit von Grizzlybären bekannt. 16 Bären habe er bei der letzten Tour gesichtet, berichtet der Kapitän. Doch man ist hier in der Wildnis unterwegs und Bären haben ihren eigenen Stundenplan.

Nach einer ruhigen Nacht und einem heißen Kaffee oder Tee zum Frühstück startet das Schlauchboot erneut zum Fluss. Doch auch dieses Mal zeigen sich nur Adler und Seehunde.

Der Rückweg bietet noch einmal die Gelegenheit, die landschaftliche Schönheit der Fjordwelt in sich aufzusaugen. Das Wetter spielt mit, und so erreicht man am späten Nachmittag mit vielzähligen Eindrücken wieder den Hafen von Bella Coola.

INFO

Lage: Die Schiffe der beiden Anbieter liegen im Hafen von Bella Coola. Das Büro und die Lodge von Bella Coola Grizzly Tours befindet sich am Highway 20 in Hagensborg.

Website:

- *bcgrizzlytours.com*
- *greatbearsailingadventures.com*

46. Wanderung zum Blue Jay Lake

Wer sich für eine Wanderung zu dem nach dem Blauhäher benannten See in der alpinen Landschaft der Coast Mountains entscheidet, sollte dafür einen ganzen Tag einplanen. Und: Die Fahrt zum Ausgangspunkt der Wanderung erfolgt über eine steinige, raue Schotterstraße, die durchzogen ist von Wasserrinnen und Schlaglöchern. Ausreichende Bodenfreiheit des Fahrzeuges, ein 4x4-Antrieb und möglichst gute Bereifung sind Voraussetzung für die Tour.

Tal des Blue Jay Lake

Da die üblichen Mietwagenverträge für Touristen ein Befahren solcher Straßen nicht erlauben, empfiehlt es sich, vor Ort einen Jeep oder SUV mit entsprechender Ausstattung auszuleihen. In Bella Coola ist man auf die Touren in die alpine Landschaft spezialisiert und bietet auch Touristen die Ausleihe von Fahrzeugen für das Befahren der Straße zum Blue Jay Lake an. Die damit verbundenen Kosten lohnen auf alle Fälle.

Vorbei an der Fähranlegestelle, am Ende des Highway 20, führt zunächst die North Bentinck Forest Service Road entlang des Fjords weiter nach Westen. Nach 1,5 Kilometern zweigt dann die Clayton Falls Forest Road nach links ab. Die Straße verläuft entlang des Clayton Creek durch Laubwald und wird gesäumt von kleinen Wasserfällen.

Blue Jay Lake

Dieser erste Teil der Straße ist durchaus gut befahrbar. Mit zunehmender Höhe allerdings werden die Steine auf dem Weg größer und verlangen entsprechende Vorsicht. Belohnt wird man mit einem Blick über die schneebedeckten Berge des Küstengebirges. Nach 17 Kilometer Fahrt und zahlreichen Windungen liegt in der letzten Straßenkehre vor dem Anstieg zum Blue Jay Lake der Ausgangspunkt für eine kurze Wanderung zum M Gurr Lake.

Hier lohnt auf alle Fälle ein Zwischenstopp, um zum Aussichtspunkt zu gehen, von dem aus der South Bentinck Arm überblickt werden kann. Nicht besonders erwähnen muss man, dass man sich hier in Bärengebiet befindet und von daher bei den Wanderungen entsprechend auf sich aufmerksam machen muss.

Nach weiteren 3,6 Kilometern wird der Trailhead zum Blue Jay Lake erreicht. Er befindet sich an der fünf Stellplätze umfassenden Recreation Site, zwischen dem ersten und zweiten Zeltplatz. Ab hier verläuft der Weg als schmaler Pfad durch dichte Büsche und Nadelwald. Mit Erreichen des Sees weitet sich der Blick über die Gipfel der Coast Mountains. Der See bildet mit seiner tiefblauen

Farbe einen Kontrast zu den grünen Nadelwäldern und den am Horizont sich erhebenden schneebedeckten Gipfeln. Im Sommer kommen Outdoor-Begeisterte aus dem Bella Coola Valley mit ihren Paddelboards hierher, gehen schwimmen oder wandern zu einem der zahlreichen Ziele in der Umgebung.

Der Pfad führt weiter in Richtung Westen zum Fjord. Hinter dem See durchquert der Weg ein Feuchtgebiet, sodass es nasse Füße gibt, wenn der Weg verlassen wird. Mit Bohlenbrettern sind die schlammigen Teile des Weges begehbar gemacht. Nach rund zwei Kilometern, zwischen Baumreihen hindurch, sieht man den South Bentinck Arm grünlich blau liegen.

Zurück in Richtung Ausgangspunkt der kurzen Wanderung besteht die Möglichkeit zum Picknick. Dafür wurde der typische Holztisch mit zwei Bänken aufgestellt, und auch ein Toilettenhäuschen findet sich an der Recreation Site.

Coast Mountains bei Bella Coola

Wer die Gegend noch weiter erkunden möchte, kann noch eine kurze Wanderung zu einem kleinen Wasserfall anschließen. Entlang der Straße führt vom Trailhead des Blue Jay Lake aus der Big Cedar Tree Trail zu den Baumriesen des Regenwaldes. Nach rund einem Kilometer erreicht man den kleinen Wasserfall.

An der Clayton Forest Service Road

INFO

Lage: Der Ausgangspunkt zu der zwei Kilometer langen Wanderung befindet sich an der Recreation Site in der alpinen Bergwelt der Coast Mountains, am Ende der Clayton Falls Road. Diese zweigt von der North Bentinck Forest Service Road nach links ab. Nach rund 20 Kilometern wird der Trailhead erreicht.

Websites:

- *bellacoola.ca/activities/hiking-sightseeing/*
- *bellacoola.ca/wp-content/uploads/2019/03/BCVT19_Trail-Guide_web.pdf*

47. Odegaard Falls

Mit 200 Meter Fallhöhe zählen die Odegaard Falls im Nusatsum Valley zu den höchsten Wasserfällen British Columbias.

Odegaard Falls

Sie liegen ein wenig versteckt im Küstengebirge, vor der Gletscherwelt des Monarch Icefields. Man erreicht sie über eine 21 Kilometer lange, teilweise raue Gravel Road, die Nusatsum Forest Service Road, die auf der Westseite des gleichnamigen Flusses bis zu den Wasserfällen verläuft.

Mit leichter Steigung überquert die Straße zahlreiche Brücken über teilweise spektakuläre Gebirgsbäche. Die letzten sechs Kilometer vor dem Haltepunkt, mit Aussicht auf die Wasserfälle, verlangen vorsichtiges Fahren und ggf. den Einsatz des Allradantriebes. Steinig und steil führt die Straße hier nun hinauf, bis hinter einer Kurve die Hinweistafel auf die Fälle und mehrere Ausgangspunkte von Wanderungen zu sehen ist. Ein Holztisch und zwei Bänke laden zum Verweilen ein.

Bei sonnigem Wetter ist der Blick auf die Fälle und die umliegende Bergwelt grandios. Die Gletscher Itesca, Purgatory und Icarus leuchten in der Sonne und bestätigen, dass sich die Fahrt gelohnt hat.

Nach kurzem Stopp führt die Straße weiter zur einen Kilometer entfernt liegenden Recreation Site der Odegaard Falls. Von hier aus führt eine Wanderung durch märchenhaften Regenwald zu dem eigentlichen Aussichtspunkt auf die Wasserfälle.

Der Weg schlängelt sich ins Tal hinab, führt über zahlreiche Holzstege über Gebirgsbäche, vorbei an riesigen Helmlocktannen und Zedern, über moosbewachsenen Waldboden, überzogen von riesigen Farnen und Pilzen.

Nach rund 30 Minuten erreicht man eine Brücke über den Nusatsum River. Von hier aus sind die Wasserfälle in ihrer vollen Schönheit zu bestaunen. Wer trittsicher und körperlich fit ist, kann über einen steilen, 500 Meter langen Weg noch bis zum Fuß der Wasserfälle wandern. Bis zur Brücke ist der Weg auch für ungeübte Wanderer gut zu bewältigen.

Wer mit einem Mietfahrzeug unterwegs ist, mit dem das Befahren von Gravel Roads nicht erlaubt ist, oder wer lieber ein dafür besser geeignetes Fahrzeug mit entsprechender Bereifung nutzen will, kann sich für diese oder andere Touren abseits des Highways ein Allradfahrzeug ausleihen. Die Verleihstation befindet sich am Flughafen von Bella Coola. Allerdings empfiehlt es sich, das Fahrzeug entsprechend vorab zu reservieren.

INFO

Lage: Rund sechs Kilometer östlich von Hagensborg zweigt in einer scharfen Linkskurve die Nusatsum Forest Road vom Highway 20 nach rechts ab.

Website:

- *bellacoola.ca/activities/hiking-sightseeing/*
- *bellacoolavehiclerentals.com/*

48. Bärenbeobachtung im Bella Coola Valley

Das Bella Coola Valley ist Heimat der majestätischen Grizzlybären. Ein Besuch des Tals zur Zeit der Lachswanderung bietet gute Chancen, Bären in ihrem Lebensraum erleben zu können.

Grizzly am Bella Coola River

Mehrere Anbieter im Tal haben sich darauf spezialisiert, von Ende August bis Anfang Oktober mit ihren Gästen in Booten auf dem verzweigten Zusammenfluss des Atnarko River zu treiben, an Sandbänken und an weiteren typischen Stellen des Flusses auf Bären zu warten.

Wer auf eigene Faust und Verantwortung Bären beobachten möchte, hat auch dazu an unterschiedlichen Stellen gute Voraussetzungen. So verläuft im Norden der Stadt der Bella Coola River und parallel dazu ein Weg, der immer wieder den Blick freigibt auf die Sandbänke im Fluss. Auf Höhe der First Nations Siedlung, hinter deren Schule, führt ein Weg zur Stelle am Bella Coola River, wo Fischabfälle im Fluss entsorgt werden. Hier ist die Wahrscheinlichkeit Bären anzutreffen durchaus gegeben, sodass besondere Vorsicht angesagt ist.

Gut einzusehen – aber aus der notwendigen Distanz – ist der Bella Coola River von der Brücke der Saloompt River Road. Sie erreicht man über den Abzweig der Saloompt Road vom Highway 20, vorbei an der ausgeschilderten Bailey Bridge Campsite. Gleich hier führt die Straße über eine erste Brücke. Wer Glück hat, kann auch hier schon Bären am Fluss beobachten. Wahrscheinlicher aber ist eine Sichtung an der zweiten Brücke, die nach rund 3,5 Kilometern erreicht wird.

Wegen der hohen Bärenfrequenz wurde die Day use area des Fisheries Pool Campground im Tweedsmuir Provincial Park South als Bärendurchgangsweg markiert und die dortigen Tische und Bänke entfernt.

Eine außergewöhnliche Beobachtungsmöglichkeit bietet die im Park gelegene Tweedsmuir Park Lodge. Die Gäste dieser gehobenen Unterkunft können meist schon von ihren Cabins aus die Bären auf der Wiese der Lodge beobachten.

Für Durchreisende hat die Parkverwaltung am Highway 20, 13 Kilometer vor der Westgrenze des Parks, eine Beobachtungsplattform eingerichtet. Sie ist im September geöffnet und wird für eine begrenzte Zahl von Besucherinnen und Besuchern freigegeben. Die Nutzung der Plattform ist kostenlos.

INFO

Lage: Die Bärenbeobachtungsmöglichkeiten finden sich im gesamten Bella Coola Valley von der Beobachtungsplattform im Tweedsmuir South Provincial Park bis hin nach Bella Coola selbst.

Website:

- *bcparks.ca/explore/parkpgs/tweeds_s/*
- *kynochadventuretours.com*
- *greatbearchalet.com*
- *bcgrizzlytours.com*
- *tweedsmuirparklodge.com*

49. Bella Coola: Heimat der First Nations

Ein Totem im Zentrum der Stadt, zu dessen Füßen – in Erinnerung an die getöteten Kinder, deren Gräber 2021 im Umfeld katholischer Schulen entdeckt wurden – Spielsachen aufgebahrt sind, ist eines der Zeichen dafür, dass Bella Coola Heimat der First Nations ist.

Gedenken an ermordete Kinder der First Nations

Die Geschichte der Nuxalk, zur Sprachfamilie der Salish gehörend, reicht rund 10.000 Jahre zurück. Die Nuxalk Nation ist eine Mischung aus vielen Dörfern, die über das gesamte Land verteilt sind. Dazu gehören die vier größten Dörfer Talyu in Ats'aaxlh (South Bentinck), Suts'lhm (Kimsquit) einschließlich Satskw' (Kimsquit River) und Nutl'l (Dean River) im Norden, sowie Kwalhna im Westen und Q'umk'uts' im Osten.

Wer sich auf die Suche nach den in den Informationsbroschüren der Region beschriebenen 5000 bis 10.000 Jahre alten Petroglyphen am Thorsen Creek begibt, wird nicht fündig werden. Das hat seinen Grund. Für die First Nations sind die in Fels geritzten und gehauenen Malereien ein mystischer, ein spiritueller Ort. Dieser soll geschützt und nicht durch unbedachte Besucherinnen und Besucher gestört oder gar entweiht werden.

Im Visitor Centre oder in der Copper Sun Gallery & Journey´s kann eine Tour mit einer Vertretung der First Nations zu den Petroglyphen gebucht werden. Die Führung dauert rund zwei Stunden und beginnt mit einer Fahrt im Bus hin zu einem Waldstück nahe des Thorsen Creek. Ein kurzer Fußweg entlang des Flussufers führt hinein in den mystischen Regenwald der Region.

Über Holzstufen, moosbewachsene Wege und Pfade taucht man ein in die alte Kultur der Nuxalk. „Der Rabe hier auf dem Stein breitet seine Flügel aus und vereint Mensch, Tier und Erde", erläutert der Tourguide das erste in Stein geritzte Bild. Alle durch Familienbande überlieferten Legenden ranken sich um die Einheit von Mensch und Natur. Was heute mit Nachhaltigkeit überschrieben wird, war in den Erzählungen zu den Petroglyphen für die First Nations Grundlage allen Lebens.

Führung zu den Petroglyphen

Ein erster Höhepunkt, der die Spiritualität des Ortes spürbar macht, ist der Gesang des Guides in der Sprache der Nuxalk. Es wird der Schutz der aufwachsenden Kinder, ihr Lernen von der Natur und die Entstehung des Lebens besungen, eindrücklich und hingebungsvoll. Für Besucherinnen und Besucher ganz besondere Augenblicke.

So erzählt der Tourguide immer wieder neue Geschichten aus der Kultur der Nuxalk, erläutert Hintergründe und stellt die Bezüge zur heutigen Lebenssituation der First Nations in Kanada her. Bildung sei für die Kinder das Wichtigste, um gemeinsam die Erde, Mensch

Petroglyphen

und Umwelt bewahren zu können, fasst er seine Erzählungen zusammen.

Wer sich weiter mit der Kultur der First Nations befassen möchte, kann neben dem Besuch der Petroglyphen eine geführte Tour zu den Totems in Bella Coola unternehmen und dort erfahren, welche Bedeutung den sich in Totems oft zu findenden Schnitzereien von Bären, Raben, Adler und Walen zukommt und wie sie sich mit der jeweiligen Familiengeschichte der First Nations verbinden lassen.

Totem an der First Nations-Siedlung in Bella Coola

INFO

Lage: Die Petroglyphen Tour startet vom Visitor Centre in Bella Coola in der MacKenzie Street.

Website:

- *bellacoola.ca*

50. Richmond: am Ende der Reise

Wer Vancouver schon bei der Ankunft in Kanada erkundet hatte und vor dem Rückflug den Trubel der Stadt vermeiden und seine Reise ruhiger ausklingen lassen möchte, der findet in Richmond an mehreren Stellen dazu die Gelegenheit.

Eine davon ist das Fischerstädtchen Steveston. Es liegt am südlichen Ende Richmonds, am Meer. Neben den Walbeobachtungstouren, die von hier aus starten, bieten zahlreiche kleine Boutiquen und Läden nicht nur Damen- und Herrenbekleidung, Fahrräder oder Haushaltswaren, sondern auch geschmackvolle Souvenirs. Dazwischen laden gemütliche Cafés und Fish'n'Chips-Restaurants zum Verweilen ein. Mit etwas mehr Zeit kann man den Garry Point Park besuchen und am dort beginnenden West Dyke Recreational Trail entlang spazieren.

Der zwei Hektar große Gary Point Park liegt direkt hinter dem Gebäude der ehemaligen Fischkonservenfabrik, der Gulf of Georgia Cannery, welche die größte Konservenfabrik British Columbias war. Heute beinhaltet das Gebäude ein Fischereimuseum und erinnert an die Blütezeit der Lachsfischerei.

Am Hafen in Steveston

Die Wege des Parks führen zum Denkmal am Ende der Landzunge, in Form einer riesigen Fischernetznadel. Sie erinnert an die Fischer Stevestons, die in der Ausübung ihres Berufes ihr Leben ließen.

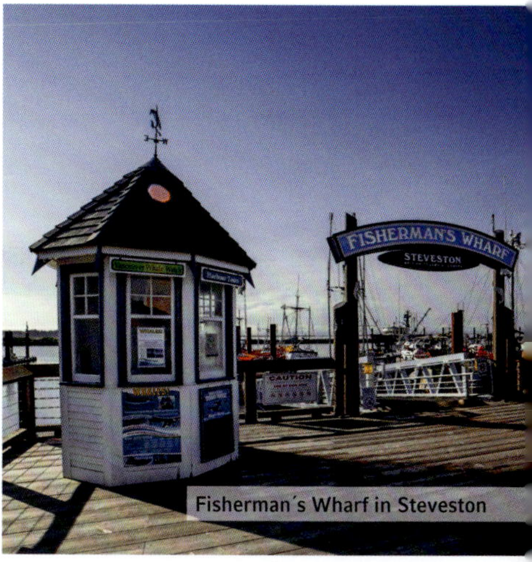

Fisherman's Wharf in Steveston

Vom Denkmal aus führt der Weg zurück nach Steveston entlang eines kleinen Kanals, in dem Fischerboote ankern. Am Ende des Kanals zweigt der West Dyke Recreational Trail nach Norden ab. Der schmale Weg verläuft parallel zur Küste, der Sturgeon Banks, dem Mündungsdelta des Fraser River. Er endet nach 5,5 Kilometern im Terra Nova Rural Park an der Nordwestspitze Richmonds.

Spaziergänger erleben hier das, was Vancouver für viele als Lebensgefühl ausmacht. Hinter sich hört, riecht und sieht man das Meer und vor einem liegt die Stadt Vancouver, nach Norden begrenzt von den Coast Mountains, deren höchste Gipfel schon im Herbst schneebedeckt sind.

INFO

Lage: Von Steveston aus sind es nur 13 Kilometer bis zum internationalen Flughafen von Vancouver. Der Garry Point Park liegt am Südwestende von Steveston. Der West Dyke Trail verläuft parallel zu Pazifikküste bis zur Nordwestende Richmonds, am Fraser River entlang.

Website: *richmond.ca/parks/parks/SigParks/parkinfo/park.aspx?ID=17*

Register

Bildnachweis:
Alle Bilder von Karl-Hans Kern außer Christoph Gisler S. 19 | Jesaja Class S. 86, 234u, 235 | Nicole Schwab S. 190
Karten: maps4news S. 24, 24, 29, 45, 69, 93, 133, 157, 195, 209, 229